simplify your life®

Überlebenstipps für Technik-Muffel

Werner Tiki Küstenmacher ist evangelischer Pfarrer und arbeitet seit 1990 als freiberuflicher Karikaturist und Autor. Er hat bereits über 50 Bücher veröffentlicht, darunter gemeinsam mit Lothar J. Seiwert den internationalen Bestseller *Simplify your life*. Seine Frau *Marion Küstenmacher* und er sind Chefredakteure des monatlich erscheinenden Beratungsdienstes *simplify your life*®. Mehr Informationen unter www.simplify.de

Marion und
Werner Tiki Küstenmacher

simplify your life

Überlebenstipps für Technik-Muffel

mit Karikaturen von
Werner Tiki Küstenmacher

Campus Verlag
Frankfurt/New York

Simplify your life® ist eine eingetragene Marke von VNR Verlag für die deutsche Wirtschaft AG, Bonn.

Bibliografische Information der Deutschen Bibliothek
Die Deutsche Bibliothek verzeichnet diese Publikation in der Deutschen Nationalbibliografie. Detaillierte bibliografische Daten sind im Internet über http://dnb.ddb.de abrufbar.
ISBN 3-593-37789-6

Umschlaggestaltung: Guido Klütsch, Köln
Umschlagmotiv: Werner Tiki Küstenmacher
Satz: Leingärtner, Nabburg
Druck und Bindung: Druckhaus Beltz, Hemsbach
Gedruckt auf säurefreiem und chlorfrei gebleichtem Papier.
Printed in Germany

Besuchen Sie uns im Internet: www.campus.de

Inhalt

Vorwort

Auf einer Parkbank waren wir mit einer Frau ins Gespräch gekommen. Begeistert präsentierte sie uns ihr neues Handy: ein Modell zum Aufklappen, mit Musikspeicher, Kopfhörern und Kamera. Sie schoss ein Foto von uns und verschickte es gleich als MMS an ihre Verwandten. Die Pointe dieser Geschichte: Die Szene ereignete sich in der Altstadt von New Orleans, die Dame war Amerikanerin und 75 Jahre alt. Ein paar Tage zuvor hatte uns eine Freundin aus England stolz vorgeführt, wie sie in der Warteschlange im Supermarkt E-Mails mit ihrem Blackberry empfängt und gleich beantwortet. Ein Italiener schwärmte uns vor, wie er in einem iPod mittlerweile seine gesamte CD-Sammlung unterwegs bei sich haben kann und dass sein BMW Geschwindigkeit und Drehzahl innen auf die Windschutzscheibe projiziert.

Begeisterung für die Technik scheint in unserem Land hingegen eher verpönt zu sein. Hier hört man den Satz »Unsere Welt wird immer technischer« vorwiegend im Seufzertonfall. »Die Bedienungsanleitung meines neuen Handys lese ich doch nicht, die ist so dick wie ein Taschenbuch.« »Am Fahrkartenautomaten bin ich neulich verzweifelt.« »Meinen Videorekorder habe ich mühsam programmiert, aber aufgenommen hat er dann doch nichts.«

Vielleicht hängt unsere Reserviertheit gegenüber neuen technischen Errungenschaften damit zusammen, dass wir ihren Einfluss auf uns überbewerten. US-Bürger haben beispielsweise kaum die blockierende Angst, dass

E-Mails die menschliche Begegnung ersetzen könnten. Sie besitzen eine hohe soziale Kompetenz, wie Untersuchungen und eigene Begegnungen zeigen. Sie sind freundlich im alltäglichen Umgang, kommunizieren oft und unbeschwert. Neue Technologien setzen sie ein, um diese Kontakte intensiver und noch bequemer zu gestalten.

Der Zukunftsforscher Matthias Horx beschreibt in seinem neuen wunderbaren Buch *Wie wir leben werden*, dass die Technik unsere Zukunft weit weniger beeinflussen wird, als allgemein angenommen. Die tiefgreifendsten Veränderungen unserer Gesellschaft, so Horx, geschehen im sozialen Verhalten. Wie Kinder mit den Eltern reden, wie Paare sich finden, wie Familien zusammenleben – das sind die eigentlich epochalen Umwälzungen. Verglichen damit sind die Weiterentwicklungen der Technologie verhältnismäßig vorhersehbar und eindimensional.

Daher lautet auch die Botschaft dieses Büchleins: Nehmen Sie die Technik nicht so wichtig! Benutzen Sie sie mit Spaß und Köpfchen. Lassen Sie keinesfalls zu, dass Ihnen auf dem Weg zu Ihrem Glück all die zauberhaften Gerätschaften als Blockaden begegnen. Lassen Sie sich nicht von anderen einreden, was Sie gebrauchen dürfen und was Sie ablehnen müssen. Vereinfachen heißt: Nutzen Sie, was Sie mögen, und lassen Sie, was Sie nervt.

Wir möchten Sie zu einem erfrischend unkonsequenten Umgang mit der Technik ermuntern. Wir wollen Sie motivieren, das eine Gerät bis in die verborgensten Tiefen seiner Möglichkeiten zu erforschen – und das andere zu bestreiken. Wir möchten Sie ermutigen, sich nicht zum Sklaven der Technik machen zu lassen, sondern Ihr eigenes Technikprofil zu finden.

Erinnern Sie sich, dass Sie von klein auf ständig Neues gelernt haben: die Uhr lesen, Schuhe zubinden, Auto fahren, den Herd bedienen. Sie mussten dazu weder Uhrmacher, Schuster, Kfz-Mechaniker noch Elektrotechniker werden. Aber wenn Sie Begeisterung für das Neue mitgebracht haben, ging das Lernen wie von selbst. Deshalb möchten wir in diesem Büchlein auch etwas von dem Elan der 75-jährigen Amerikanerin aus New Orleans vermitteln und hoffen, dass Sie sich anstecken lassen.

Marion und Werner Tiki Küstenmacher

Die simplify-Methode für alle Geräte

Technik wird immer komplizierter, und ihre Bedienung meistens auch. Haushaltsgeräte werden von Mikroprozessoren gesteuert, das Telefon ist vom einfachen Fernsprecher zu einem komplexen Kommunikationsmittel geworden, Videorekorder sind sprichwörtlich für ihre knifflige Handhabung, und während Sie dieses Büchlein lesen, werden gerade neue Geräte entwickelt, von denen Sie noch nie gehört haben. Wir haben eine Methode entwickelt, mit der Sie auch ohne Anleitung ein Ihnen unbekanntes Gerät bedienen können. Das funktioniert bei etwa 80 Prozent aller elektrischen und elektronischen Gerätschaften, von Automaten, Handys, Kameras, allen Komponenten von Audio- und Videoanlagen bis hin zu Geräten, die vor wenigen Jahren noch voll-

kommen unbekannt waren, wie etwa Navigationssystemen. Bei den kniffligen restlichen 20 Prozent werden Sie sich mithilfe der simplify-Methode leichter in der Bedienungsanleitung zurechtfinden und die wichtigen Vorgänge schnell lernen.

Knacken Sie Ihre Technik-Blockaden

Die wichtigste Einsicht vorweg: Die Bedienung eines ungewohnten Gerätes ist so gut wie nie ein technisches Problem, sondern ein mentales. Entscheidend ist, wie Sie sich dem Neuen nähern. Denken Sie: »Das werde ich nie kapieren«? Oder sagen Sie sich: »Das schaffe ich! Damit sind doch schon viel Dümmere als ich zurechtgekommen!«

simplify your life bedeutet: Leben statt gelebt werden. Tun Sie etwas, werden Sie aktiv anstatt passiv in der Opferrolle zu verharren. Sprengen Sie die Mauern, die Sie bewusst oder unbewusst blockieren, gelassen und klug mit der alltäglichen Technik umzugehen. Damit Sie Ihre persönlichen Blockaden leichter erkennen können, finden Sie hier die verbreitetsten:

Ich bin eine Frau »Oh je, Frauen und Technik!« – diesen dummen Männerseufzer haben sich leider viel zu viele Frauen zu Eigen gemacht. Gerhard Engelbrech vom Institut für Arbeitsmarkt- und Berufsforschung der Bundesagentur für Arbeit meint: »Eine Frau kann eine gute Kfz-Mechanikerin sein, genauso wie ein Mann ein guter Krankenpfleger sein kann. Es kommt bei jedem Einzelnen auf die Fähigkeiten und Interessen an.« Auto-Mechanikerinnen geben nur auf, weil sie mit den negativen Sprüchen der Kollegen nicht umgehen können. simplify-Rat: Zeigen Sie's der Männerwelt! Beweisen Sie sich und den anderen, dass an so billigen Geschlechtervorurteilen nichts dran ist.

Ich bin ein Mann Die Geschlechter-Blockade hat auch eine Schattenseite für die Herren: Ein Mann, der Probleme mit einem Gerät hat, lässt sich ungern helfen, probiert lieber auf eigene Faust und verursacht dadurch möglicherweise größeren Schaden als eine Frau in der gleichen Situation. simplify-Rat: Lassen Sie sich öfter

einmal von Frauen helfen. Das entspannt die stereotype Aufteilung und hilft beiden Seiten.

Ich mache was kaputt Diese Blockade wurde oft schon in früher Kindheit errichtet. Früher waren Geräte im Verhältnis zum Einkommen viel teurer, sie waren tatsächlich empfindlich und verlangten eine gründliche »Einweisung«. Zusätzlich abschreckend wirkt, dass Bedienungsanleitungen aus rechtlichen Gründen stets mit einer endlosen Aneinanderreihung von Warnungen beginnen. Tatsache ist jedoch: Technische Geräte werden heutzutage für den dümmstmöglichen Benutzer gebaut. Sie können kaum etwas kaputtmachen, solange Sie nicht wütend Gewalt anwenden oder mit gefährlichem Werkzeug im Inneren der Geräte herumstochern. simplify-Rat: Im Zweifelsfall können Sie immer ausschalten und von vorn anfangen. Benutzen Sie dafür aber möglichst den Aus-Schalter und nicht den Netzstecker.

Bei Computern und computerähnlichen Geräten ist es anders. Sie nehmen es manchmal ausgesprochen übel, wenn ihnen mitten in der Arbeit der Saft abgedreht wird. Bei Windows können Sie mit der akrobatischen Tastenkombination Alt-Str-Entf die Notbremse ziehen: Dann können Sie sehen, welches Programm »hängt«. Windows macht Ihnen dann Vorschläge, wie Sie Ihre Daten bei einer technischen Störung vielleicht noch retten können.

Das schadet der Umwelt Oft ist es nur ein dumpfes Gefühl oder ein unbestätigtes Gerücht, das Sie unwillkürlich Abstand zu dem Gerät halten lässt. Ängste vor möglichen Schäden waren und sind die unzertrennlichen Begleiter technischer Innovationen. Als die Eisenbahn aufkam, hatte man Sorge vor Schäden durch Geschwindigkeit. Ich erinnere mich an besorgte Pädagogen, die vor dem Farbfernsehen gewarnt haben, und später vor den Farbmonitoren der PCs. Heute sind es die Handystrahlen, die Sorgen verbreiten. Kurioserweise dominiert in Deutschland die Angst vor den Sendemasten. In anderen Ländern hat man Angst vor dem sendenden Handy, dessen Abstrahlung in allernächster Nähe vom Gehirn stattfindet. Ohne mögliche Gefahren zu bagatellisieren – solche nationalen Unterschiede lassen sich nur dadurch erklären, dass die Be-

drohungsszenarios niemals objektiv sind, sondern stets von Meinungsmachern erzeugt werden. simplify-Rat: Nehmen Sie Sicherheitshinweise ernst, aber hören Sie sich stets mehrere Meinungen an, und lassen Sie sich nicht von Verschwörungstheorien einwickeln.

Das schadet der Gesellschaft »Die Kinder spielen nicht mehr auf der Straße, sondern nur noch am Computer.« »Die Menschen treffen sich nicht mehr, sondern sprechen nur noch übers Handy.« »Automaten vernichten Arbeitsplätze.« Mit solchen Sätzen (deren logischer Wert sich beim näheren Hinsehen meist als fragwürdig erweist) liefert Ihnen Ihr Unterbewusstsein Ausreden, um sich mit den neuen

Gerätschaften nicht näher befassen zu müssen. Vielleicht ist man ja doch ein besserer Mensch, wenn man den Automaten nicht versteht und damit möglicherweise einen Arbeitsplatz rettet? simplify-Rat: Wenn Sie die deutsche Wirtschaft und die deutsche Gesellschaft retten wollen, dann qualifizieren Sie sich und andere. Werden Sie ein Experte, ein Könner, ein intelligenter Beherrscher der

Technik! Nichts ist wichtiger für unser rohstoffarmes Land als kluge, begeisterte Köpfe.

Dafür bin ich zu alt Gehen Sie im Geiste die älteren Menschen durch, die Sie kennen. Mit welchen unterhalten Sie sich gern, und bei welchen sind Sie schnell ermüdet? In der Regel sind die am sympathischsten, die neugierig und lernfreudig geblieben sind, die nicht von früher schwärmen, sondern von den Möglichkeiten ihrer Gegenwart und Zukunft. simplify-Rat: Sobald ein Mensch nichts mehr lernen möchte, wird er alt. Es ist wirklich so einfach. Besuchen Sie Orte, an denen Sie noch nie waren. Treffen Sie Menschen, die Sie noch nicht kennen. Unterhalten Sie sich über Themen, von denen Sie noch nichts verstehen. Dann klappt es auch mit dem Fotohandy oder dem MP3-Player.

Welcher Bedienungsanleitungs-Typ sind Sie?

Die Bedienungsanleitung, die jedem Gerät beiliegt, hilft in der Regel nur Technikbegeis-

terten weiter – denn Fachleute haben sie verfasst. Wie gehen Sie mit Gebrauchsanleitungen um?

- Typ A: Ich lese prinzipiell keine Gebrauchsanweisungen, sondern gehe nach dem System »Einfach mal probieren« vor. Meist klappt das. *Dann sollten Sie:* sich gratulieren! Sie haben keine Scheu vor der Technik und scheinen sie gefühlsmäßig gut zu erfassen. Es gibt allerdings ein paar typische Hürden, bei denen Ihnen die folgenden Tipps helfen werden, vor allem das Kapitel »Durchschauen Sie die Menü-Philosophie« ab Seite 31.
- Typ B: Ich lese grundsätzlich keine Gebrauchsanweisungen und verzweifele regelmäßig an der Technik. Bei vielen Geräten nutze ich nur einen Bruchteil der möglichen Funktionen. *Dann sollten Sie:* sich einen technikbegeisterten Bekannten suchen, der Ihnen die Benutzung schwieriger Geräte erklärt. Wie Sie das Gelernte nicht gleich wieder vergessen, finden Sie im Kapitel »Vereinfachen Sie Ihre Bedienungsanleitungen« ab Seite 22.

- Typ C: Ich lese nur Gebrauchsanweisungen, wenn ich anders nicht weiterkomme. Dann bin ich meist entsetzt über die komplizierten Formulierungen. *Dann sollten Sie:* mit anderen über Ihre technischen Geräte sprechen. Fragen Sie: »Wie macht ihr das?«. Dabei erhalten Sie oft die entscheidenden Tipps. Oder Sie wenden sich an die Spezialisten (Näheres dazu lesen Sie unter dem Kapitel »Rat von den Profis« ab Seite 40). Bei denen können Sie sich auch über unverständliche Anleitungen beschweren und dazu beitragen, dass die komplizierte Welt ein wenig einfacher wird.
- Typ D: Ich lese eigentlich gern Gebrauchsanweisungen, damit ich das Gerät beherrsche und nicht das Gerät mich. Außerdem will ich alles nutzen können, wofür ich bezahlt habe. *Dann sollten Sie:* sich auf die Schulter klopfen. Geben Sie Ihre Kenntnisse an andere weiter. Suchen Sie sich Menschen vom Typ B – denen können Sie viel Freude machen! Einem lesefreudigen Menschen wie Ihnen müssen wir keine Ermunterungen zum Weiterlesen in diesem simplify-Buch geben.

Vereinfachen Sie Ihre Bedienungsanleitungen

Wir wollen eigentlich, dass Sie Ihre Geräte ohne das Lesen der Bedienungsanleitungen beherrschen. Aber manchmal geht es doch nicht anders. Trösten Sie sich mit der Erfahrung, dass Sie durch das genauere Studieren *einer* Anleitung so viel lernen, dass Sie die nächsten drei Geräte wieder ohne Handbuch meistern werden. Hier ein paar Hinweise für einen vereinfachten Umgang mit dem Papierkram, der den elektronischen Wunderwerken beiliegt:

Verdünnen Specken Sie Gebrauchsanweisungen ab. Oft sind Anleitungen mehrsprachig. Werfen Sie alle Teile außer dem in Ihrer Muttersprache weg. Keine Sorge: Es ist sehr unwahrscheinlich, dass Sie Ihr Gerät später einem Griechen verkaufen, der dann den hellenischen Teil vermisst. Und selbst wenn – fast alle Hersteller bieten inzwischen ihre Anleitungen zum kostenlosen Download an.

Anstreichen Auch die abgespeckte Version einer Anleitung enthält meist Unmengen Sinnloses. Am Beginn jeder Gebrauchsanweisung stehen stereotype Litaneien, dass Sie Ihren Fotokopierer nicht im Freien stehen lassen sollten und Ihr Handy unter Wasser Schaden nimmt. Dann wird über Selbstverständlichkeiten schwadroniert (»Stecken Sie den Netzadapter in eine Netzsteckdose und das Anschlusskabel in die Anschlussbuchse Ihres DS-2500 DF«). simplify-Rat: Streichen Sie mit einem Neonmarker beim ersten Lesen die für Sie interessanten Stellen an. Sie werden feststellen, dass das, was wirklich wichtig ist, in der Regel nicht mehr Platz einnimmt, als auf eine A4-Seite passen würde. Sie sehen auf einen Blick: Eigentlich ist alles halb so wild.

Ihre eigene Anleitung Beschriften Sie Bedienungsknöpfe, die unverständliche Symbole tragen, ausführlicher. Auf den meisten Kunststoffgehäusen lässt sich gut mit einem weichen Bleistift schreiben. Noch sicherer ist ein wasserfester Edding-Stift, den Sie später einfach mit Waschbenzin entfernen können.

Bei manchen Apparaten ist es hilfreich, die typische Reihenfolge der zu bedienenden Knöpfe mit Zahlen zu markieren. Auf einer Es-

pressomaschine sähe das so aus: 1. Prüfen, ob der Kaffeesatzbehälter leer ist; 2. Einschalten; 3. Tasse unterstellen; 4. Wasserstand checken; 5. Kaffeebohnen checken; 6. Wassermenge einstellen (Espresso links, Schümli rechts); 7. Kaffeeknopf drücken; 8. Ausschalten.

Schreiben Sie sich notfalls Ihre eigene Kurz-Bedienungsanleitung mit den wesentlichen Schritten auf ein Blatt, das Sie am oder beim Gerät anbringen.

Wohin damit? Lagern Sie die (verdünnte) Gebrauchsanweisung einer kniffligen Maschine am besten unter dem Gerät. Das geht gut bei Laserdruckern, Videorekodern oder Telefonanlagen.

Für die anderen Geräte eröffnen Sie einen Ordner, vorab gefüllt mit leeren Prospekthüllen. Heben Sie dort alle Anleitungen auf, die nicht direkt beim Gerät untergebracht werden können. In diesen Ordner kommen auch alle

Garantieurkunden. Nicht erschrecken: Bald werden Sie mehrere solche Ordner besitzen. Sehen Sie die Sammlung einmal im Jahr durch und entsorgen Sie großzügig: Weil das entsprechende Gerät längst ausgemustert wurde, weil die Garantie abgelaufen ist, oder weil Sie es längst auch ohne Anleitung beherrschen.

Geräte mit guten Bedienungsanleitungen Bevorzugen Sie beim Einkauf Geräte mit verständlichen Anleitungen. Lassen Sie sich vom Verkaufspersonal beraten. Das kennt die Probleme mit hirnrissigen Anleitungen, weil es tagtäglich selbst welche lesen muss. Die Stiftung Warentest bewertet übrigens bei komplizierten Geräten oft auch die Qualität der Gebrauchsanweisungen. Legendär gut sind die Manuals der Taschenrechner von Hewlett-Packard und von Sharp. Einen guten Ruf hatten früher die Anleitungen der Grundig-Geräte. Wenn Sie jetzt beispielsweise einen DVD-Player von Grundig kaufen, stammt er allerdings von einem koreanischen Hersteller, der die Markenrechte erworben, das alte Design der Anleitungen aber leider nicht übernommen hat.

So orientieren Sie sich schnell bei neuen Geräten

Die Bedienungselemente in einem Flugzeug sehen sehr kompliziert aus, aber ein Pilot nutzt nur 10 Prozent der vielen Instrumente wirklich. Ähnlich ist es bei der Steuererklärung: Sie erhalten grässlich komplizierte Formulare, müssen aber nur wenige Zeilen davon ausfüllen, die übrigen sind für andere Steuerzahler

mit anderen Bedürfnissen. Bei Computer-Software und vielen neueren Geräten ist es ähnlich. Halten Sie es also wie Indiana Jones in einem ihm völlig unbekannten Flugzeug: Suchen Sie nach dem Höhenmesser und der Tankanzeige, alles andere wird sich schon irgendwie ergeben. Mit den folgenden grundsätzlichen Gedanken möchten wir Ihnen helfen, damit Sie sich notfalls auch ohne Bedienungsanleitung bei modernen Gerätschaften zurechtfinden.

Exemplarisch lernen Beschäftigen Sie sich mit *einem* technischen Gerät der neueren Generation näher, dann geht es auch mit allen anderen leichter. Am nahe liegendsten ist ein Handy.

Es gehört zu den am weitesten verbreiteten Geräten und enthält die typischen Elemente elektronischer Technik. Am besten, Sie nehmen jetzt Ihr Handy in die Hand und versuchen, die im Folgenden besprochenen Schritte nachzuvollziehen.

Einschalten Das kann bei manchen neuen technischen Gegenständen schon die erste Tücke sein. Gibt es einen klassischen Ein/-Aus-Schalter? Wenn es einer mit zwei Stellungen ist, steht I für »ein« und O für »aus«. Gibt es keinen solchen Schalter, halten Sie nach einer Taste Ausschau, die einen Kreis mit senkrechtem Strich trägt, auf der »on«, »Power«, »An« oder »Start« steht – oder die einfach nur rot ist. Drücken Sie drauf. Wenn sich nichts tut, versuchen Sie es mit längerem Draufdrücken, in der Regel drei Sekunden. Handys und andere tragbare Geräte schützen sich dadurch vor versehentlichem Einschalten. Gibt es gar keine Taste, die nach Einschalten aussieht, probieren Sie es mit einer beliebigen anderen. Apples iPod erwacht zum Leben, sobald Sie irgendwo draufdrücken. Manche Kassettenrekorder und

CD-Player gehen an, sobald Sie auf die Play-Taste drücken, die mit einem nach rechts zeigenden Dreieck gekennzeichnet ist.

Geräte mit einer Fernbedienung haben manchmal keinen eigenen Einschaltknopf, sondern werden über diese Fernbedienung wachgerufen. Dann müssen Sie das oben beschriebene Suchspiel eben bei den oft verwirrend vielen Tasten des länglichen Handkästchen durchführen.

Hold Tragbare Geräte besitzen häufig einen Schiebeschalter, mit dem sich alle übrigen Tasten ausschalten lassen. Das schützt sie gegen versehentliche Bedienung und Sie können das Gerät unbesorgt in der Tasche tragen. Wenn sich an einem Gerät gar nichts tut, suchen Sie also erst einmal nach so einem Hold-Schalter. Bei Handys ist es meist die Taste rechts neben der Null, bezeichnet mit einem kleinen Schlüsselsymbol. Um den Hold-Effekt aus- oder einzuschalten, müssen Sie diese Taste drei Sekunden lang gedrückt halten.

Modus Die Möglichkeit, die »Betriebsart« zu wählen, kann zu beträchtlicher Verwirrung führen. »Das hat doch vorhin noch funktioniert«, lautet oft der Aufschrei. Stellen Sie sich, wenn nichts mehr zu klappen scheint, die Frage: Bin ich vielleicht im falschen Modus?

Manche Fernseh-Fernbedienungen haben irgendwo unscheinbare Tasten mit der Aufschrift TV, VCR und SAT. Wurde die Taste VCR gedrückt – auch wenn das Wochen her ist –, befindet sich das Kästchen im Videorekorder-Modus (VCR = VideoCassettenRekorder). Geschah dasselbe mit der Taste SAT, ist es eine Fernbedienung für Satellitenempfänger. Da können Sie sich lange wundern, warum Ihr Fernseher nicht reagiert! Erst wenn Sie einmal auf »TV« getippt haben, ist der Spuk vorbei.

Digitalkameras haben meist einen Aufnahme- und einen Wiedergabemodus. Bei der Aufnahme zeigt der Bildschirm, was gerade vor der Linse ist, und die Wippe mit den Buchstaben W und T (Weitwinkel und Tele) verstellt die Brennweite des Objektivs. Im Wiedergabemodus sehen Sie auf dem Mini-Bildschirm Ihre vorher geschossenen Bilder, und mit der W-T-Wippe lässt sich die Ansicht vergrößern und verkleinern.

Mehrfachtasten Am bekanntesten ist diese Schnapsidee moderner Elektronik-Designer bei den Zifferntasten Ihres Handys. Ein Beispiel: Neben der 2 steht »abc«. Ist das Handy im Eingabe-Modus für eine Kurzmitteilung

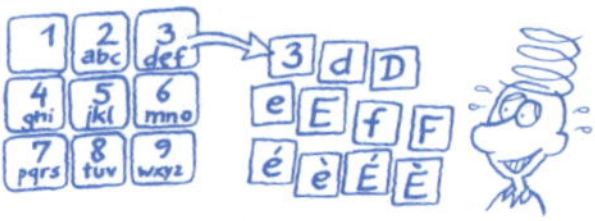

(SMS) oder einen Eintrag ins Telefonverzeichnis, erzeugt ein Druck auf diese Taste ein »a«, beim zweiten Drücken ein »b«, beim dritten ein »c«, beim vierten – ätsch, nicht wieder ein »a«, sondern endlich die »2«. Beim fünften vielleicht ein »ä«, beim sechsten ein dänisches å … lassen Sie sich überraschen! Entscheidend ist, dass Sie beim mehrfachen Drücken nicht zu lange Pausen machen, sonst wird das zuletzt gewählte Zeichen hingeschrieben.

Bei anderen Geräten, wie dem Fax beispielsweise, gibt es das Zeitproblem nicht. Hier können Sie zwischen den verschiedenen

Zeichen wählen, so lange Sie wollen. Erst wenn eine irgendwo in der Nähe befindliche OK-Taste gedrückt wird, geht es weiter zur nächsten Eingabestelle.

Mehrfachtasten sind eine große Quelle für Ärger und Fehler, solange Sie nicht mit dem jeweiligen Fabrikat vertraut sind. Mehr dazu können Sie im Kapitel über Handys ab Seite 69 lesen.

Durchschauen Sie die Menü-Philosophie

Wahrscheinlich der Hauptgrund für verzweifelte Benutzer ist die Menü-Steuerung. Diese nicht zu stoppende Seuche findet sich in Ihrem Handy, Ihrer Digitalkamera, ja sogar in Ihrem neuen Auto.

Die Grundidee: Sie bekommen kleine oder große Listen angeboten, aus denen Sie etwas auswählen können. Dabei stehen auf der Liste oft weitere Listen. Es ist, als würde die Menükarte im Restaurant eine Frühstücks-, eine Mittagessen- und eine Abendessenkarte enthalten. In der Mittagessenkarte wiederum finden Sie verschiedene »Unterkarten«: Suppen, Vorspeisen, Fisch- oder Fleischgerichte, Gerichte für Kinder, Desserts … Sie merken, das ist grenzenlos erweiterbar. Auf diese Weise lassen sich auch in kleinsten Geräten fast unbegrenzte Wahlmöglichkeiten unterbringen. Das Prinzip stammt aus der Computertechnik und funktioniert nur, wenn das Gerät irgendeine Art von Anzeigefläche hat – entweder ein eigenes Display oder es wird ein angeschlossener Fernseher genutzt, etwa bei Videorekordern, Satellitenreceivern oder DVD-Playern. Die Faustregel lautet: Wenn das Gerät vor Ihnen ein Display hat, wird es menügesteuert.

Bewege-Elemente Sie sind meistens mit Pfeilsymbolen markiert. Bei einfacheren Apparaten geht es nur nach oben oder nach unten. In diesem Fall gibt es entweder zwei Pfeiltasten, eine senkrecht stehende Wippe, ein Rad am Rand oder irgendetwas Überraschendes. Bewege-Elemente sind ein Lieblingskind der Designer. Für den iPod von Apple haben sie sich anstelle der Auf- und Ab-Tasten eine runde berührungsempfindliche Fläche ausgedacht – das »Click-Wheel« –, auf der Sie mit dem Finger wie früher bei der Telefonwählscheibe im oder gegen den Uhrzeigersinn herumstreichen. Klingt kompliziert und ist technisch aufwändig, funktioniert aber überraschend gut. Bei TV-Fernbedienungen und vielen Handys sind die Bewege-Elemente meist vier Pfeile in alle Himmelsrichtungen auf vier Tasten oder einer größeren Wippfläche.

Leere Tasten Sie befinden sich neben oder unter dem Display und sind für Ungeübte besonders verwirrend. Solche so genannten Soft- oder Belegtasten können verschiedene Funktionen annehmen, je nachdem, was neben oder über der Taste auf dem Display steht. Fast jedes Handy hat mindestens zwei solcher Tasten unter seiner Mini-Anzeigefläche. Bei vielen Geldautomaten gibt es je vier Soft-Tasten auf beiden Seiten des Bildschirms.

OK-Taste Sie entspricht in etwa dem »Amen« in der Kirche. Mit ihr bestätigen Sie, was Sie mithilfe der Bewege-Elemente ausgesucht haben. Auf Computertastaturen geschieht das mit der großen Enter-Taste rechts außen. Als Überbleibsel aus der Schreibmaschinen-Ära trägt sie das Symbol für »neue Zeile«, einen nach

unten und dann nach links weisenden Pfeil. Bei ganz alten PCs findet sich noch die Bezeichnung »CR« für Carriage Return, Wagenrücklauf. Wenn auf der OK-Taste nicht »OK« steht, heißt sie »Ja«, »Eingabe«, »+« oder ist einfach nur grün oder groß in der Mitte der Bewege-Elemente. Der iPod etwa überrascht mit einem völlig leeren OK-Knopf in der Mitte der »Wählscheibe«. Bei Handys wird meist eine der Soft-Tasten zur OK-Taste, wenn Sie einen Menüpunkt ausgewählt haben und heißt dann zum Beispiel bei Siemens-Handys verwirrenderweise »Auswahl«.

Berührungsempfindliche Bildschirme Touch Screens sind eine besondere Variante der Menü-Welt. Sie funktionieren ohne Tasten. Stattdessen drücken Sie auf große viereckige Schaltflächen direkt auf dem Monitor und erledigen Aussuchen und Bestätigen in einem Arbeitsgang. Ein Berührungsbildschirm gibt sich in der Regel stolz als solcher zu erkennen. Bei den Fahrkartenautomaten der Bahn heißt es: »Berühren Sie den Bildschirm, um zu starten.«

Nein-Taste Sie ist das Gegenteil des OK-Knopfs. In der Computerwelt heißt sie recht treffend »Escape«, weil sie immer eine Fluchtmöglichkeit bietet, falls Sie sich im Gestrüpp der Menüstruktur verlaufen haben. Halten Sie deshalb bei jedem Gerät, das Sie in die Hand nehmen, zu allererst Ausschau nach diesem Rettungsanker. Bei Handys ist es die rote »Auflegen«-Taste – was sich auf Anhieb nicht erschließt, mit etwas Nachdenken aber doch: Rot ist das Gegenteil vom grünen »OK«. Etwas problematisch ist es, diese Taste beim iPod zu finden: Es ist der Punkt »Menu« an der 12-Uhr-Position auf der Wählscheibe. Andere Bezeichnungen sind: »Zurück«, »Undo«, »Rückgängig« oder – etwa bei den Tipptasten im Autolenkrad – ein Minus-Zeichen. Eine »Zurück«-Taste gibt es auch auf den Berührungsbildschirmen von Automaten.

Menü-Taste Wenn Sie auf dem Display gar kein Auswahlmenü sehen, halten Sie nach einer Taste mit der Aufschrift »Menü« Ausschau oder einem entsprechenden Symbol – wie ein paar waagerechten Linien, welche die Zeilen einer Speisekarte darstellen.

Überlisten Sie die Tücken der Menü-Technik Menüs sind oft ineinander verschachtelt, was bei der ersten Benutzung viel Geduld verlangt. Der Trick: Stellen Sie sich Menüs als Baum vor, auf dem Sie frei herumklettern dürfen. Mit der Nein-Taste gelangen Sie in der Regel eine Stufe zurück, also bis zur letzten Abzweigung – oder bis ganz an den Anfang. Leider können Sie nie

ganz sicher sein, wie weit zurück Sie die Nein-Taste bringt. Manchmal existieren eine Nein- und zusätzlich eine Menü-Taste, etwa bei Fernbedienungen von DVD-Playern. Dann geraten Sie mit »Nein« ein Stückchen zurück, mit »Menü« aber die gesamte Strecke bis an den Ausgangspunkt.

Ermunterung zum Herumprobieren Jugendliche sind es gewöhnt, sich auf gut Glück »durchs Menü zu klicken«, bis sie – ohne in der Anleitung nachzulesen – das Gesuchte gefunden haben. Mit den Pfeiltasten, den Soft-Keys und der Nein-Taste kann nichts wirklich Schlimmes passieren, Sie können gefahrlos »mal gucken«. Funktionen werden immer erst mit der OK-Taste ausgelöst – und selbst dann gibt es oft einen Weg zurück. Denn eigentlich war der Sinn der Menü-Idee, Bedienungsanleitungen ganz überflüssig zu machen. Lassen Sie sich also von der Lockerheit der digitalen Kinder anstecken, gehen Sie selbst auf Entdeckungstour in die Wipfel des Menübaums und hüpfen Sie von Ast zu Ast, vor und zurück!

Namensprobleme Unangenehm wird es allerdings, wenn sich die entscheidenden Funktionen im Menü hinter nichts sagenden Namen verbergen: Bei den schnurlosen Siemens-Telefonen versteckt sich der digitale Anrufbeantworter hinter dem Menüpunkt »Service«. Oder manche Begriffe treten mehrfach auf: Es gibt ein Menü »Einstellungen«, darunter einen Punkt »ISDN-Merkmale«, und dort noch einmal »Einstellungen«. Dagegen hilft außer einer Beschwerde-Mail an die Hersteller nichts.

Gute Bedienungsanleitungen bilden den Menü-Baum als solchen ab. Ist das bei Ihrem Gerät nicht der Fall und Sie verirren sich öfter im Menü, zeichnen Sie sich den Baum selbst auf. Aha-Effekte sind garantiert!

Fehler im Menü-Design Verunsicherungen kann die Sache mit dem Bestätigen hervorrufen. Denn mit der OK-Taste geraten Sie von einem Menü-Ast zum nächsten, lösen also noch nichts Gravierendes damit aus. Sind Sie aber am Ende eines Astes angekommen, kann OK möglicherweise etwas in Gang setzen, was sich nicht oder nur mit Mühe wieder rückgängig machen lässt. Deshalb haben die Menü-Designer vor wichtige Kommandos meist noch eine zusätzliche Abfrage gelegt (»Gesamten Speicher löschen? OK-Taste: Ja. Rote Taste: Nein.«).

Finden Sie sich damit ab, dass das Bestätigen-Problem bei sehr vielen technischen Geräten schlecht gelöst ist und damit eine der größten Fehlerquellen darstellt.

Das An/Aus-Dilemma Angenommen, Sie sind im Menübaum endlich glücklich dort angekommen, wo Sie die Hintergrundbeleuchtung des Displays aus- und einschalten können und lesen »Beleuchtung ein«. Das ist eine mehrdeutige Botschaft und gehört zu den noch ungelösten Designfragen der Menü-Erfinder. Denn es kann 1. heißen: Die Beleuchtung ist eingeschaltet. Wenn Sie die Zeile auswählen und bestätigen, wechselt die Anzeige in »Beleuchtung aus«. Oder Sie gelangen in ein weiteres Menü, in dem Sie zwischen »an« und »aus« wählen können.

Es kann aber auch 2. bedeuten: Die Beleuchtung ist ausgeschaltet! Wenn Sie die Zeile auswählen und mit OK bestätigen, wird die Beleuchtung eingeschaltet – und auf dem Display steht »Beleuchtung aus«. Die Menüzeile ist hier als Schalter gedacht. Er zeigt an, was passiert, wenn Sie auf den Schalter drücken. Diese zweite Variante ist zwar selten, findet sich aber noch und kann begreiflicherweise zu Missverständnissen führen.

Manchmal werden Sie auch lesen: »✓ Beleuchtung«. Das Häkchen steht für »eingeschaltet«. Wenn Sie die Menüzeile auswählen und mit der Ja-Taste bestätigen, verschwindet das Häkchen.

Hier wird von Ihnen Gelassenheit verlangt. Seien Sie froh, wenn die Menü-Philosophie innerhalb eines Gerätes selbst konsequent bleibt. Der hoch gelobte iPod beispielsweise bietet im Menü »Einstellungen« den Unterpunkt »EQ«

(für englisch: Equalizer, Klangfarbenregelung). Bei den dort angebotenen Punkten wie »Aus«, »mehr Bässe« oder »Pop« wurde die Ein/Aus-Anzeige vergessen. Es ist also reines Rätselraten, welche Klangeinstellung aktiv ist und ob sich die einzelnen Punkte kombinieren lassen. Solche Fehler in Menüstrukturen werden Sie immer wieder finden, vor allem bei nagelneuen Modellen, deren Technik offenbar mit heißer Nadel gestrickt wurde.

Rat von den Profis

Anleitung völlig gaga? Das bundesweit erste Hilfetelefon für unverständliche Gebrauchsanweisungen hat die Universität Trier eingerichtet. Unter der Nummer (06 51) 201-23 32 ist jeden Mittwoch von 9 bis 11 Uhr eine Fachfrau oder ein Fachmann zu sprechen. Anfragen werden auch gern per Fax entgegengenommen (-39 09), oder Sie wenden sich per E-Mail direkt an den Initiator, den »Instruktionsforscher« Prof. Wolf-Andreas Liebert (liebert@uni-trier.de). Der freut sich auch über besonders gelungene oder misslungene Gebrauchsanweisungen (Prof. Liebert, Uni Trier FB IID, Universitätsring 15, 54286 Trier).

Anleitung fehlt? Ist Ihnen eine Gebrauchsanweisung abhanden gekommen oder war bei einem Second-Hand-Kauf keine dabei, sollten Sie zu allererst im Internet suchen. Viele Hersteller bieten auf ihrer Homepage unter »Support« oder »Service« Anleitungen zum Gratis-Download an. Wenn Sie nichts finden, können Sie unter 030/723813 (Montag bis Freitag, 8 bis 18 Uhr) rund 300000 verschiedene Bedienungsanleitungen für Geräte aller Art anfordern. Die Typenbezeichnung genügt. Der Nachdruck kostet, je nach Umfang und Exotik, um die 10 Euro.

Ohne Registrierung keine Garantie? Wenn Sie ein neues Gerät kaufen, liegt dem papiernen Beiwerk oft eine Registrierungskarte bei, oder Sie werden online zur Registrierung aufgefordert. Wenn Sie Ihr Gerät registrieren lassen, werden Sie unter Umständen mit Werbung der Herstellerfirma versorgt. Zur Wahrung der Garantie

aber genügt die Kaufquittung, eine Registrierung ist rechtlich nicht erforderlich. Sinnvoll ist die Registrierung allerdings bei Software, damit Sie über Updates unterrichtet werden. Manche neueren Programme funktionieren ohne Registrierung nicht – das ist eine Maßnahme gegen Raubkopierer. Einige Unternehmen bedienen Sie an der telefonischen Hotline darüber hinaus nur, wenn Sie registriert sind.

Umgang mit Akkus: die Oasen-Methode

Sehen Sie sich als Benutzer tragbarer elektronischer Geräte als Beduine. Oberste und eiserne Beduinenregel: Sobald Sie eine Oase erreichen, werden die Vorräte aufgefüllt! Auch wenn die Kamele noch gar nicht richtig durstig beziehungsweise die Akkus noch zu drei Vierteln voll sind – eine Oase wird in der Wüste immer genutzt. Sind Sie also während einer Reise in einem Sitzungsraum, im Hotelzimmer, einem Büro oder zu Hause angekommen, dann raus mit den Netzteilen, Steckdose suchen und alles zum Auftanken anstöpseln: Handy, MP3-Player, tragbarer Computer, Digitalkamera und was sonst noch Akkus hat.

Ist Dauerladen schädlich? Manche Menschen haben beim ständigen Aufladen der Akkus Sorge wegen des »Memory-Effekts«: Werden Nickel-Cadmium-Akkus (NC) nicht vollständig entleert, bilden sich tatsächlich an den Elektroden (also innen am Plus- und Minuspol) kristalline Ablagerungen. Um das zu vermeiden, genügt es jedoch, den Akku alle sechs Monate einmal vollständig zu entladen und dann wieder ans Netz zu hängen. Das Dauerladen dazwischen macht ihm nichts.

Müde gewordene NC-Akkus lassen sich übrigens mit einem guten Ladegerät aus dem Elektronikfachgeschäft wieder aufmöbeln. Die bekannteste Marke heißt Accumaster. Solche von einem Mikroprozessor gesteuerten Maschinen senden hohe Ströme in kurzen Intervallen in Ihre Stromspeicher und testen dabei ständig, wie der Akku dabei reagiert. So ein über 100 Euro teures Gerät lohnt sich nur, wenn Sie viele Akkus haben.

Die neuen Nickel-Metallhydrid-Akkus (NMh) werben damit, keinen Memory-Effekt mehr zu haben. Sie können allerdings stattdessen am Lazy-Battery-Effekt leiden: Obwohl er relativ neu ist, macht Ihr NMh-Akku schnell schlapp. Auch hier hilft nur kontrolliertes Entladen, bis die Akkuanzeige einen Batteriewechsel fordert. Aber dann sofort wieder aufladen! Denn wenn sich das gute Stück total entlädt (bis sich das Gerät selbst ausschaltet), kann es zu einer schädlichen »Tiefentladung« kommen. Schon nach drei Extrementleerungen könnte ein teurer NMh-Akku zum Sondermüll werden.

Nothelfer Ersatz-Akku Der Unterschied zwischen Erfolg und totaler Verzweiflung beruht häufig nur auf einem vorzeitig in die Knie gegangenen Akku. Deshalb kauft der erfahrene Beduine für seine wirklich wichtigen Geräte mindestens einen Ersatzakku. Aber Vorsicht, hier gibt es enorme Preisunterschiede! Einen Akku fürs Handy oder die Digitalkamera, der beim Originalhändler 40 Euro kostet, ist beim Internet-Versender oft schon für 5 oder 8 Euro zu haben – bei gleicher Qualität.

Sobald Sie zwei oder mehr gleiche Akkus für ein Gerät haben, müssen Sie die unbedingt beschriften: 1, 2, 3. Falls Sie kein Zahlenmensch sind, nennen Sie sie lieber »Adam« und »Eva«, markieren Sie sie mit einem Kreis, einem Dreieck und einem Quadrat, oder bringen Sie verschiedene Farbmarkierungen darauf an.

Profi-Trick: Gummiband Wie aber merken Sie sich, ob der Akku jetzt geladen ist oder nicht? Profis (wie etwa TV-Kameraleute, bei denen vom Ladezustand des Akkus viel abhängt) schlingen um einen geladenen Akku ein Gummiband. Das muss man abmachen, damit er in die Kamera passt. Dadurch wird auch im wildesten Getümmel klar: Frische Akkus sind die mit dem Gummi, alle anderen lieber nicht verwenden, sondern bei nächster Gelegenheit aufladen. Anstelle des Gummis tut es auch ein Stück Klebeband oder der Schriftzug »voll«, mit Bleistift auf den Akku geschrieben. Beim Einlegen ins Gerät müssen Sie die Schrift mit dem nassen Finger nur schnell wegwischen.

Die simplify-Methode für Automaten

»Automaten vernichten Arbeitsplätze.« Das ist, wie schon erwähnt, eine der unterschwelligen Blockaden, die Menschen davon abhalten können, sich von Kollege Blechmann bedienen zu lassen. Automaten vernichten jedoch in der Regel Arbeitsplätze, für die niemand mehr zur Verfügung steht oder die unbezahlbar geworden sind. Sie tun kein wirklich gutes Werk, indem Sie Geld nur beim Kassierer in der Bank abheben und für Ihre Fahrkarte am Schalter anstehen. Automaten helfen eher, dass Unternehmen am Leben bleiben und attraktivere Arbeitsplätze errichten können.

Selbst wenn Ihnen diese Argumente nicht einleuchten: Immer häufiger werden Sie gar keine Alternative zum Automaten mehr finden. Deshalb vereinfachen Sie Ihr Leben vor allem dadurch, dass Sie Ihre Lebensenergie nicht mit stiller Rebellion gegen Selbstbedienungsmaschinen vergeuden – sondern den Kampf Mensch gegen Maschine als Herausforderung annehmen. Das hält Ihr Gehirn fit und Ihren Durchhaltewillen lebendig.

Der Geldautomat

Der Geldautomat ist eine der Maschinen, die Sie unbedingt alleine beherrschen sollten. Die Polizei warnt immer wieder davor, sich beim Geldabheben helfen zu lassen – denn allzu oft sind die vermeintlichen Helfer in Wirklichkeit Betrüger, die es auf Ihr Geld, Ihre Karte oder Ihre Geheimnummer abgesehen haben. Falls Sie also mit dem elektronischen Geldspender unsicher sind, nehmen Sie lieber einen vertrauenswürdigen Bekannten mit, der einen kleinen Bedienungskursus mit Ihnen macht. Oder benutzen Sie einen Automaten in einer Bankfiliale während der Öffnungszeiten und lassen sich von einem Bankmitarbeiter helfen.

Skimming »Absahnen« ist ein besonders fieser Trick von Betrügern: Auf den Kartenschlitz des Automaten kleben sie einen Aufsatz, der völlig unauffällig und farblich angepasst ist. Er enthält einen zusätzlichen Kartenleser, der alle Daten Ihrer Karte abspeichert. Mit diesen Daten fertigen die Täter eine identische Karte an – was ziemlich einfach ist – und kaufen fröhlich damit ein. Beim Bezahlen mit Karte ist in vielen Geschäften nicht einmal die Geheimnummer notwendig.

Der Kamera-Trick Dieser Trick wird mit dem Skimming gern kombiniert: Ein harmlos aussehender Prospektbehälter an der Wand oder sonst ein Versteck enthält eine kleine Kamera, die auf die Tasten des Automaten ausgerichtet ist. So können Gauner Ihre Geheimnummer erspähen. Oder das erledigt ein in der Nähe stehender Helfer. Auch anhand von bestimmten auf die Tasten aufgetragenen Substanzen lässt sich die eingegebene Nummer rekonstruieren.

Voll-Fälschungen Es hat sogar schon komplett selbst gebastelte oder gestohlene und dann manipulierte Geldautomaten gegeben, die nur aus einem Kartenleser, einem Tastenfeld und einem Bildschirm bestanden, der nach der Eingabe Ihrer Daten eine Fehlermeldung angezeigt oder Ihre Karte einfach behalten hat.

Ein anderer Dreh: Sie werden vor dem Betreten des Geldautomaten-Raums aufgefordert, Ihre Karte einzuschieben und die Geheimnummer einzugeben. Verständigen Sie in solchen Fällen sofort die Polizei, denn dann handelt es sich um einen Skimmer, den Gauner über die normale Zugangselektronik der Bank gestülpt haben. Normale Karten-Türöffner verlangen niemals die Eingabe der Nummer.

Kurzzeit-Klau Es geht auch noch frecher: Die freundliche Bedienung an der Tankstelle, im Laden, im Hotel oder im Restaurant erbittet Ihre EC-Karte und schiebt sie, vor Ihren Augen verborgen, in zwei Lesegeräte. Das eine ist aus dem Elektronikshop und an den PC der Betrüger angeschlossen, das andere ist echt. Danach werden Sie gebeten, in das echte Ihre Geheimzahl einzugeben. Bei den kleinen Kartenterminals ist das Erspähen der Nummer besonders leicht.

Einweg-Karte Eine weitere Methode ist, den Kartenschlitz mit simplen Mitteln so zu verstopfen, dass Ihre Karte zwar hineingeht, aber nicht mehr herauskommt. Wenn Sie verzweifelt weggehen, nesteln die Gauner Ihre Karte aus dem Gerät. Oder ein »Helfer« bietet sich an und erfragt im Verlauf der vermeintlichen Hilfsaktion Ihre Geheimnummer.

Was Sie dagegen tun können Geben Sie Ihre Scheckkarte nie aus der Hand, oder lassen Sie sich die Karte vor Ihren aufmerksamen Augen ins Eingabegerät stecken. Decken Sie beim Eingeben der Geheimzahl grundsätzlich die andere Hand oder Ihre Geldbörse über das Tastenfeld – auch wenn eigentlich keiner zusehen kann. simplify-Tipp: Besorgen Sie sich eine kleine Papphülle für Ihre Karte und schreiben Sie auf beide Seiten groß »Tasten abdecken!«. Das erinnert Sie jedes Mal daran, vorsichtig zu sein. Meiden Sie im Ausland besonders einsame oder ungewohnt aussehende Automaten. Mit Vorsicht zu genießen sind auch freie Wechselstuben. Am sichersten in exotischen Ländern sind Geldautomaten, die

sich im Inneren einer international bekannten Bank befinden.

Extra-Tipps für Kreditkarten

Seit Ende 2001 tragen alle Kreditkarten eine zusätzliche Schutznummer (CVC, Card Verification Code), die vor allem bei Bezahlvorgängen im Internet angegeben werden muss. Sie ist dreistellig und befindet sich auf der Rückseite der Karte, hinter der gedruckten Kartennummer auf dem Unterschriftenfeld. Bei American Express ist sie vierstellig und steht auf der Vorderseite unter den Buchstaben CVC. Fachleute raten, diese Nummer auswendig zu lernen (beziehungsweise codiert zu notieren) und dann auf der Karte unkenntlich zu machen. So schützen Sie sich davor, dass Betrüger mit der gestohlenen oder einfach nur (im Restaurant, Laden oder Hotel) fotokopierten Karte fröhlich im Internet auf Shopping-Tour gehen. »Geheimnisträger« sind auch alle Belege, die Sie nach einem Bezahlvorgang mit der Kreditkarte erhalten, denn sie enthalten alle notwendigen Daten (außer der

CVC). Solche Belege sollten Sie niemals wegwerfen, schließlich sind sie im Falle einer falschen Abbuchung Ihr einziger Beweis.

Wenn die Karte weg ist Kreditkarte verloren, gestohlen, unauffindbar, vom Automaten verschluckt? Dann sollten Sie die Karte sofort sperren lassen. Speichern Sie die Telefonnummer des zentralen Sperrannahmedienstes in Ihrem Handy und in Ihrem Kalender, am besten jetzt gleich: 0 18 05/0 21 0 21 (aus dem Ausland: 00 49/18 05/0 21 0 21).

Die verflixte Nummer Wie merkt man sich die vierstellige »Persönliche Identifikationsnummer« (PIN) von Scheck- und Kreditkarten?

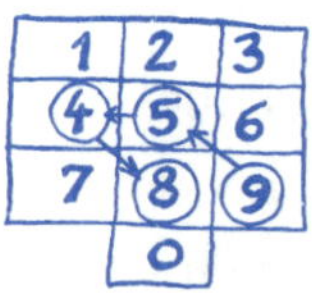

Visuelle Menschen tun sich am leichtesten, wenn sie sich das Muster auf der Tastatur vorstellen (9548 ist eine Raute, die mit der 9 beginnt).

Zahlenakrobaten benutzen dazu Rechenaufgaben (8961 ist 100 minus 11 und dann 50 plus 11) und Historiker Geschichtsdaten (3525 ist der Bauernkrieg von 1525 plus das Jahr 2000).

Wenn Sie wenig Vertrauen in solche Hilfen haben, notieren Sie sich die Zahlen verschlüsselt als Telefonnummer in Ihrem Kalender. Beispiel: Bei Ihnen beginnt die PIN stets nach fünf sinnlosen Zahlen, darauf folgen weitere erfundene Ziffern. Im Telefonverzeichnis steht dann unter Stadtsparkasse: Telefon 0427/589614792. Da würden sich selbst pfiffige Gauner schwer tun, die richtige 8961 zu finden, denn man hat am Automaten nur drei Versuche.

Der Fahrkartenautomat

Wir haben diese Art Automat gewählt, weil er die derzeit wohl kniffligste Herausforderung darstellt. Wenn Sie den DB-Kasten meistern, bewältigen Sie alle anderen Automaten auch!

Die massenweise aufgestellten kühlschrankgroßen rot-weißen Fahrscheinverkäufer der Deutschen Bahn für den Fernverkehr enthalten wie Geldautomaten einen Kartenschlitz für Scheck- und Kreditkarten. Deswegen sollten Sie hier die gleichen Vorsichtsmaßnahmen beachten wie bei den Bargeld ausspuckenden Kollegen. Falls Sie sich von einem freundlichen Mitmenschen bei der Fahrscheinbestellung helfen lassen, sollten Sie ihn beim Bezahlvorgang freundlich, aber bestimmt wegschicken. Trickdiebe, die es auf Ihre Scheckkarte abgesehen haben, lieben nämlich Bahnhöfe mit Menschenmassen.

Am besten, Sie beherrschen den robotergesteuerten Fahrkartenkauf allein. Der DB-Automat erteilt auch kostenlose Reiseauskünfte, die Sie sich ausdrucken lassen können. Üben Sie – wenn Sie auf einem Bahnhof einmal Zeit haben – damit herum. Wenn Sie eines Tages auf einem Kleinstadtbahnhof ohne Fahrkartenschalter stehen, werden Sie froh sein, mit dem Apparat klarzukommen.

Vorsicht: erste Falle Wenn Ihr Fahrziel nicht allzu weit entfernt ist, stellt sich der DB-Automat mit der rot-silbernen Front dumm und verweist Sie auf den Automaten für den Nahverkehr. Der ist einfarbig silbrig, oben drauf steht aber auch nur »Fahrkarten«. Wir bleiben, damit es nicht zu verwirrend wird, hier bei dem Gerät für den Fernverkehr.

Ausprobieren! Fahrkartenautomaten sind menügesteuerte Computer. (Grundlegende Informationen dazu finden Sie ab Seite 31.) Nur der berührungsempfindliche Bildschirm hat bisweilen seine Tücken: Manchmal ist der Druckpunkt etwas verrutscht. Dann sehen Sie einen roten Fleck neben Ihrem Finger, wo der Bildschirm glaubt, Ihren Fingerdruck zu spüren. Verschieben Sie Ihren Finger so, dass der rote Fleck das gewünschte Druckfeld trifft. Weil diese Felder recht groß sind, ist das nicht so kompliziert, wie es sich hier liest.

Ansonsten führt Sie der Bildschirm Schritt für Schritt durch den Bestellvorgang. Keine Panik, wenn Sie einen Fehler gemacht haben. Am unteren Rand existiert immer eine Zurück-Taste.

Express oder normal? Typisch: Das Menü beginnt mit einer Entscheidung, an der viele schon scheitern. Bleiben Sie ruhig – wie so oft führen beide Wege zum gleichen Ziel. Bei »Expresskauf« ist Folgendes vorgegeben: der Abfahrtsbahnhof, dass nur eine Person reist, zum nächstmöglichen Zeitpunkt, ohne Um-

wege und ohne Rückfahrt. Wählen Sie ruhig den normalen »Fahrkartenkauf«, dann haben Sie alle Möglichkeiten.

Manchmal erscheint eine komplette Tastatur auf dem Touch-Screen. Dann gilt es, sich nicht aufzuregen, falls Sie daneben tippen. Unter Zeitdruck sollten Sie also nicht stehen. Kleiner Trost: Die Bestellung am Automaten geht trotzdem meist schneller als das Anstellen am Schalter.

Zum Schluss schaltet das Gerät um auf das Scheckkarten-Feld mit kleinem Display und den vom Geldautomaten bekannten Zahlentasten. Sie werden aufgefordert, die BahnCard einzuschieben. Wenn sie wieder herauskommt, stecken Sie Ihre Scheckkarte ein.

Wenn es schief geht Es kann passieren, dass der Bezahlvorgang nicht funktioniert, weil beispielsweise die Karte nicht lesbar ist. Dann kommt der mental wichtigste Moment für Ihren Umgang mit Automaten: Verfluchen Sie nicht die Technik, sondern bleiben Sie geduldig, wie bei einem kleinen Kind. Wiederholen Sie den Vorgang, eventuell sogar die ganze Bestellung. Wenn möglich, wechseln Sie den Automaten – Kartenlesegeräte sind oft unterschiedlich empfindlich. Ihre Ausdauer ist wichtig für Ihre grundsätzliche simplify-Einstellung: Wenn Sie aufgeben, hat der Automat gewonnen und Sie haben sich ein bisschen unglücklicher gemacht. Bleiben Sie Sieger!

Wer zuletzt lacht Automaten können nicht lachen – aber Sie! Die Automaten für den Nahverkehr – in jeder Stadt anders aufgebaut – können eine schwere Prüfung für Ihre Langmut darstellen. Auf dem Weg durch die Menüs begegnen Sie mancher Kuriosität. Mal heißt die Fahrkarte »Fahrschein«, mal »Ticket«, manchmal sogar »Fahrausweis«. Über Wortungetüme wie »Zielverzeichnis der Ziele« oder »Bartarifzoneneinteilung« könnten Sie sich ärgern. simplify-Rat: Lachen Sie drüber! Und lassen Sie sich von Einheimischen helfen. Die Schrulligkeiten deutscher Verkehrsverbundnetze zu erläutern, überschreitet vollends die Grenzen dieses Büchleins.

Die simplify-Methode für Digitalkameras

Beim Wort »Foto« denken wir nach wie vor an »Album« und »Aufbewahren für die Nachwelt«. Im Zeitalter der digitalen Fotografie, wo sich ein Bild jederzeit kostenlos wieder löschen lässt, ist Umdenken angesagt.

Die Möglichkeiten der digitalen Fotografie ausnutzen

Wenn Sie sich angewöhnen, Ihre Digitalkamera immer mit sich zu führen, werden Sie bald viele neue Einsatzmöglichkeiten für kurzlebige Aufnahmen entdecken. Im Folgenden finden Sie ein paar Anregungen. Die meisten von ihnen setzen voraus, dass Sie das aufgenommene Bild auf dem

LCD-Monitor der Kamera sofort ansehen können. Ihre Kamera sollte also ein Wiedergabe-Zoom besitzen, mit dem Sie auf dem Mini-Bildschirm Details Ihrer Aufnahmen vergrößern können, und einen ausdauernden Akku, damit Sie nicht in ständiger Sorge vor Energieausfall sind (Dazu mehr im Kapitel »Umgang mit Akkus: die Oasen-Methode« ab Seite 42).

Ihre Kamera sollte außerdem so klein sein, dass Sie sie gern dabei haben. Ein guter Kompromiss aus kleinem Format und langer Akkulaufzeit ist der Klassiker Canon Ixus digital oder die von Fotozeitschriften hoch gelobten Minis von Nikon.

Tragbare Wanderkarte Bei Spaziergängen in Parks oder Wanderwegen hängen an den Parkplätzen oft sehr genaue Umgebungskarten mit allen Wegen und Sehenswürdigkeiten, meist viel detaillierter als in Ihrer eigenen Wanderkarte – falls Sie

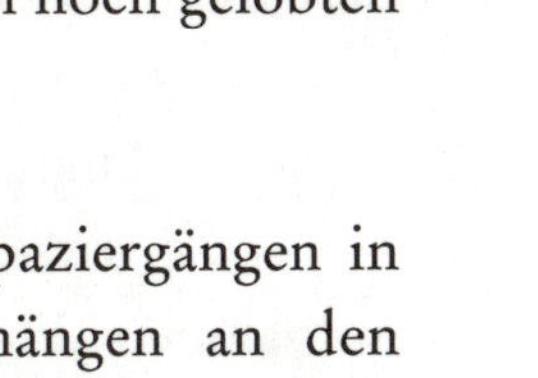

überhaupt eine haben. Fotografieren Sie die aufgehängte Karte ab und ziehen Sie sie unterwegs zurate. Auch sehr brauchbar in fremden Städten: Am Bahnhof hängt immer ein genauer Innenstadtplan.

Bildhaft einkaufen Angenommen, Sie sehen im Kaufhaus oder im Baumarkt ein paar wunderschöne Lampen, aber bei solch einer Anschaffung möchten Sie Ihren Partner einbeziehen. Also: Alle infrage kommenden Modelle knipsen – am besten mit Preisschild – und zu Hause vorführen.

Fotokopieren Sie lesen bei Bekannten ein wunderbares Gedicht in einem Coffeetable-Buch. Abschreiben? Buch ausleihen? Dank Digitalfotografie unnötig! Vorausgesetzt, Ihr Apparat ermöglicht Nahaufnahmen. Diese Funktion ist meist unter dem Symbol eines Blümchens zu finden.

Auto wiederfinden Haben Sie in einer fremden Stadt Ihr Auto abgestellt, lichten Sie schnell Ihr Gefährt und das nächstgelegene Straßenschild ab. Im allerschlimmsten Fall (wenn es gestohlen wird), ist so ein Bild ein guter Anhaltspunkt für die Polizei. In weniger schlimmen Fällen (Sie haben sich verlaufen) können Sie Einheimischen das Bild mit dem Straßennamen zeigen und haben eine Chance, auch in Ländern mit fremdartigen Schriftzeichen zurückzufinden.

Fahrplan zum Mitnehmen Im Urlaub brauchen Sie öfter mal den Bus vorm Hotel, der aber nur zu höchst unregelmäßigen Zeiten fährt. Fahrplan fotografieren, fertig!

Fernsehen festhalten Mit etwas Herumprobieren lassen sich sogar annehmbare Bilder vom Fernsehbildschirm machen. So können Sie den Titel eines Videoclips, den Namen des Regisseurs im Abspann oder andere erinnerungswürdige Momente aus TV-Sendungen festhalten. Wenn Sie sich erst einmal daran gewöhnt haben, geht das schneller als ein Eintrag ins Notizbuch.

Neue Gesichter Die Digitalkamera ist auch hilfreich, wenn Sie die Namen neuer Menschen lernen möchten: in einer Schulklasse, einem Seminar, bei einem Ausflug, in der Reise-

gruppe. Erläutern Sie mit freundlichen Worten, dass Sie Ihr Gehirn trainieren möchten, machen Sie von jedem einen Schnappschuss und danach eine Aufnahme von einem Gegenstand, auf dem der Name des Betreffenden steht: seine Visitenkarte, ein Namensschild oder ein schnell von Hand geschriebener Zettel.

Deko-Ideen Wenn Sie sich erst einmal an Ihr optisches Diktiergerät gewöhnt haben, werden Ihnen die Innovationen in Sachen kleines schnelles Bild nur so zufallen:

Sie knipsen den schön dekorierten Salatteller im Restaurant (»So könnten wir das doch bei Achims Konfirmation auch machen«) oder die Statue im Hotelgarten (»Das sollte Bärbel uns mal töpfern«).

Wohin mit den Digitalfotos?

Fotos sind eine wunderbare Erinnerung, aber die Aufbewahrung und das Management der unzähligen bunten Bilder können ausgesprochen nervig werden. Die digitale Fotografie kann hier eine Vereinfachung bieten, wenn Sie die folgenden Punkte beachten:

Warum Papier? Noch ist die Fotobranche mit neuen Mitteln auf dem alten Weg: Am Ende soll ein Stück Papier stehen mit einem Bild drauf. Aber warum? Auf fast jedem Schreibtisch steht ein PC, in jedem Wohnzimmer ein Fernseher. Zeigen Sie Ihre Bilder dort! Verabschieden Sie sich vom Fotoalbum!

Wenn Sie einen PC mit einem guten, großen Bildschirm haben und komfortable Bildbetrachtungs-Software (ACDSee, PhotoShop Elements, Goo! oder IrfanView; mehr dazu im Kapitel »Bilder sammeln« ab Seite 130), werden Sie dem guten alten Album bald keine Träne mehr nachweinen. Das Monitorbild ist aktiv leuchtend wie ein Diaprojektor und gehört technisch zum »Durchlichtfarbraum« – es kann mehr Farben abbilden als der beste Fotoabzug. Viele DVD-Player können Bilder-CD-

ROMs auf dem TV-Bildschirm wiedergeben. Vorteile: Sie sparen gegenüber der alten Dia-Show den komplizierten Aufbau und die Verdunklung des Raumes. Auf einen Bildschirm können mehr Leute gleichzeitig blicken als in ein Album mit kleinen Fotos. Nachteil: Nur mit dem normalen Querformat nutzen Sie die Monitorfläche voll aus.

Technisch stehen Ihnen alle Möglichkeiten eines Diavortrags zur Verfügung: Sie können Ihre Bilder umsortieren, überblenden, mit Kommentar und Musik unterlegen, die ganze Show auf eine CD-ROM brennen und beliebig oft weitergeben. Das erfordert Zeit und man muss Spaß daran haben, es ist aber weniger aufwändig als die herkömmliche Dia-Technik.

Der simplify-Effekt der digitalen Fotografie tritt erst ein, wenn Sie die Phase der gedruckten Bilder überspringen. Was früher Alben, Kisten und Schränke füllte, passt inzwischen locker auf eine Festplatte, ein paar CD-ROMs oder ins Internet.

Sehen Sie Fotos als Kommunikationsmittel

Digitalkameras spielen ihre Stärke erst richtig

aus, wenn Sie einen Computer mit Internet-Anschluss haben.

Dann können Sie in Windeseile Erinnerungsfotos versenden. Typisches Beispiel: Die Großmaiers waren zu Besuch. Sie haben digitale Fotos geschossen, und wenn die Großmaiers wieder zu Hause sind, finden sie in Ihrer E-Mail schon die fertigen Bilder vor.

Ihr Album im WorldWideWeb Erkundigen Sie sich bei dem Anbieter, über den Sie Ihren Internet-Zugang haben. Meist ist in Ihrem Angebot kostenloser »Webspace« enthalten. Das ist Speicherplatz auf irgendeinem Server irgendwo im Netz, auf den Sie (und nur Sie, geschützt durch ein Passwort) von jedem beliebigen Computer zugreifen können. Wenn Ihr Anbieter das nicht hat, können Sie auf kostenlose Dienste im Internet zurückgreifen. Einer der größten ist www.pixum.de, aber es kommen ständig neue auf den Markt. Wenn Sie Tante Mimi besuchen und Sie kommen auf den letzten Urlaub zu sprechen, können Sie ihr Ihre Ferienfotos (wahrscheinlich auf dem PC ihres Sohnes) vorführen.

Oder Sie tragen in einer Liste die E-Mail-Adressen all derer ein, die Zugriff auf Ihre Bilder haben dürfen. Dann müssen Sie nicht mehr die riesigen Bilddateien versenden, sondern nur die Internet-Adresse Ihres Web-Speichers.

Der simplify-Bilderrahmen Multimilliardär Bill Gates hat in seinem Hightech-Haus anstelle von Bilderrahmen Bildschirme installiert. Aber Sie müssen gar nicht zu den reichsten Menschen der Erde gehören, um etwas Ähnliches in Ihrem Heim zu haben. Sehen Sie doch mal

nach, ob irgendwo in Ihrem Haushalt ein ausgemusterter Notebook-PC schlummert (oft ist nur der Akku kaputt). Oder ersteigern Sie einen bei eBay (Wir fanden zum Beispiel einen fünf Jahre alten sehr schicken IBM ThinkPad mit erstklassigem Bildschirm, aber kaputtem Akku für 85 Euro). Statten Sie das gute Stück mit Ihrer digitalen Fotosammlung und einer einfachen Bildbetrachtungs-Software aus. Schließen Sie es ans Netzgerät an und stellen Sie es dort auf, wo sonst die Familienfotos stehen.

Sie werden staunen, wie viel Aufmerksamkeit das bei Besuchern und Familienmitgliedern erzeugt.

Nutzen Sie Dienstleister simplify-Grundregel: Drucken Sie Bilder nur aus, wenn Sie wirklich wissen, wohin damit. Also etwa, um sie einem anderen zu schenken, um einen Bilderrahmen zu bestücken, um ein altes Fotoalbum zu ergänzen. Immer bessere Drucker kommen auf den Markt, damit Sie Ihre digitalen Fotos so perfekt wie möglich aufs Papier bekommen. Die Drucker sind verblüffend gut, aber deren Farbpatronen auch verblüffend teuer: Ein DIN-A4-Ausdruck auf Spezialpapier kostet schnell über 1 Euro. Größtes Manko: Selbst gedruckte Fotos halten nicht ewig.

Sicherer und billiger ist es, Sie geben Ihre Daten an einen professionellen Belichtungsservice. Einige der bekanntesten im Internet sind: www.pixaco.de, www.fotokasten.de, www.pixum.de, www.fotoporto.de und www.kodak.de. Denen senden Sie Ihre Bilddateien übers Internet und erhalten, oft innerhalb von

24 Stunden, per Post Ihre Bilder auf Fotopapier oder als Poster, Glückwunschkarte, Puzzle, Fototapete, auf Kaffeetassen, Biergläsern, T-Shirts …

Ihr eigenes Buch Die digitale Fotowelt eröffnet Möglichkeiten, die über das gute alte Album mit den eingeklebten Bildern noch weit hinausgeht. Ein wirklicher simplify-Tipp: www.fotobuch.de und www.apple.com/de/ilife/iphoto/books ermöglichen es Ihnen, statt herkömmlicher Fotoalben wunderschön gebundene Fotobücher mit ausgefeiltem Layout selbst zu kreieren – mit eigenen Fotos und eigenen Texten. Ein Exemplar mit 48 Seiten kostet um die 40 Euro, 16 Seiten gibt es schon ab 15 Euro. Dafür hat das Buch ein farbiges Hardcover und sieht aus wie ein Nobelband aus der Buchhandlung. Ideal, um andere Menschen zu beschenken.

Die simplify-Methode für Handys

Der wichtigste mentale Schritt in die Wunderwelt des Mobilfunks: Mögen Sie Ihr Handy! Das winzige Ding kann Ihr Leben retten, es kann – besonders Mütter und Ehefrauen – beruhigen, und es kann Liebesbotschaften übertragen, wo immer Sie gerade sind – Möglichkeiten, von denen vor einer Generation kaum jemand zu träumen wagte.

Natürlich kann ein Handy auch nerven und zu einem grässlichen Überwachungsinstrument werden. Dagegen hilft die simplify-Grundregel für Handys: Betrachten Sie es vor allem als tragbare Telefonzelle. Also nicht als ein Gerät, das klingelt, sondern eines, mit dem Sie andere anrufen. Sehen Sie Ihr Handy vorwiegend als eine Möglichkeit, mit der *Sie* aktiv werden können. Denn das Handy klingelt immer im unpassendsten Moment. Wenn Sie aber selbst den Zeitpunkt eines Anrufs bestimmen, ist das Mobiltelefon eine Erfindung, die Ihr Leben durchaus vereinfachen kann. Überlegen Sie sich daher gut, wem Sie Ihre Handynummer geben. Je weniger Menschen es sind, um so weniger werden Sie vom Handypiepsen gestört. Wenn es dafür schon zu spät ist, hilft ein Wechsel zu einem preiswerteren Anbieter – mit neuer Handynummer.

Ansonsten gilt: Bleiben Sie geduldig – keine Technologie hat ihren Siegeszug in so kurzer Zeit angetreten wie der Mobilfunk. Seit 1995 stieg die Zahl der Benutzer in Europa durchschnittlich pro Jahr um über 40 Prozent! Bis unsere Gesellschaft, unsere Gewohnheiten und unser Bewusstsein die neue Technik wirklich verkraftet haben, braucht es einfach etwas Zeit.

So lernen Sie Ihr Handy kennen

Kaum jemand beherrscht sein Handy komplett. Grämen Sie sich nicht, wenn

Sie die Funktionen Ihres Modells nicht durchschauen, sondern reden

Sie mit Bekannten über das, was Ihnen unklar ist. Oder sprechen Sie gezielt jemanden an, der sich auskennt und gut erklären kann – und mag. Beharren Sie darauf, dass Sie die nötigen Schritte auf Ihrem eigenen Handy selbst eingeben – dann bleibt Ihr neues Wissen am besten haften. Lassen Sie sich nicht vom Fachchinesisch vermeintlicher Experten beeindrucken, sondern fragen Sie sofort nach. Je konkreter Sie fragen, desto mehr haben Sie von der Antwort (»Was muss ich machen, wenn ich diese Telefonnummer speichern möchte?«).

In der Gebrauchsanleitung wird so mancher Kniff verraten, der sich nicht von selbst erschließt. simplify-Tipp: Am effizientesten lernen Sie ein Gerät kennen, wenn Sie *nach* dem ersten Herumprobieren die Anweisungen studieren.

Der Notruf-Trick Ohne SIM-Karte bekommt Ihr Handy keinen Anschluss, Sie können weder angerufen werden noch anrufen. Mit einer Ausnahme: Ein Notruf (Telefonnummer 112) lässt sich auch ohne Karte senden. Direkt nach dem Einschalten erscheint im Display über

einer der leeren Tasten »Notruf«. simplify-Tipp: Wenn Sie ein ausgemustertes Handy ohne Karte haben, lassen Sie es als Notgerät im Ferienhaus, im Boot oder an sonst einem Ort, wo Sie nicht gestört werden, für einen Notfall jedoch gerüstet sein wollen. Vergessen Sie aber nicht, den Akku regelmäßig aufzuladen! Über 50 Prozent aller Notrufe werden übrigens inzwischen von einem Handy aus gesendet.

Vorwahl-Kniffe Eigentlich eine Binsenweisheit: Beim Handy müssen Sie Telefonnummern immer samt Ortsnetzkennzahl eingeben (in Berlin also 030). Kniffliger ist es im Ausland: In der Schweiz, Frankreich, Dänemark und Italien wurde vor einiger Zeit die zwingende Verwendung der Ortsnetzkennzahl eingeführt. Wenn ein Teilnehmer in Zürich (Ortsnetzkennzahl 01) die Zürcher Nummer 8888 erreichen möchte, muss er 01/8888 eingeben. Das kann in einigen dieser Länder dazu führen, dass bei Anrufen aus dem Ausland die Null bei der Ortsnetzkennzahl *nicht* weggelassen wird. Wenn Sie die Nummer 12345 im Südtiroler Bruneck anrufen, wählen Sie also 0039/0474/12345.

Mit dem Handy im Ausland

In Österreich beispielsweise benimmt sich ein deutsches Handy, als wäre es noch in Deutschland. Wollen Sie in Österreich eine österreichische Nummer anrufen, müssen Sie die österreichische Vorwahl 0043 tippen, danach die Ortsvorwahl (ohne der Null davor) und dann die Teilnehmernummer.

Besser als die Doppelnull Auf der ganzen Welt hat Deutschland die Landeskennzahl 49, Österreich die 43 und die Schweiz 41. Davor gehört in Deutschland die Auslandsvorwahl 00. In den meisten anderen Ländern auch, aber nicht in allen. In den USA ist es zum Beispiel die 011. Wenn Sie anstelle der Doppelnull ein Pluszeichen eingeben (dazu die Null-Taste eine Sekunde lang gedrückt halten), wird hier automatisch die Auslandsvorwahl eingesetzt. simplify-Tipp: Speichern Sie von vornherein alle Nummern in Ihrem Adressverzeichnis mit +49 und der Ortsvorwahl ohne Null. In Deutschland hat das keine Auswirkungen, und im Ausland müssen Sie sich um nichts kümmern.

Vorsicht, Kostenfalle! Wenn Sie im Ausland herumstreunen (englisch »roaming«), wählt sich Ihr Handy in ein ausländisches Netz ein. Mobilfunkanbieter haben dafür internationale Verträge abgeschlossen und verlangen von Ihnen einen Roaming-Aufschlag. Wenn Sie im Ausland ein Gespräch aus Deutschland entgegennehmen, bezahlt der Anrufer nur bis zur deutschen Grenze, den Rest übernehmen Sie. Deswegen kann ein Auslandsaufenthalt auch dann hohe Handykosten für Sie bedeuten, wenn Sie immer nur Anrufe *erhalten* haben. Rufen Sie selbst an, bezahlen Sie die kompletten Kosten für den ausländischen Betreiber und Ihren Anbieter in Deutschland.

Ihr Handy wählt sich im Ausland automatisch in das am besten empfangbare Netz ein. Das muss nicht das kostengünstigste sein. Erfragen Sie vor einer Auslandsreise, welche Netzbetreiber mit Ihrem deutschen Netzbetreiber kooperieren, und wählen Sie aus der angezeigten Liste (meist im Menü Einstellungen/Netz/Netz-Info) von Hand den richtigen aus.

Vorsicht, Sonne! Mobiltelefone sind empfindliche technische Geräte. Vor allem starke Temperaturschwankungen schaden dem Akku und dem Display, das nach ein paar Stunden direktem Sonnenschein für länger oder immer »erblinden« kann. Legen Sie Ihr Telefon deshalb nicht längere Zeit in die direkte Sonne. Ein Handtuch zum Abdecken genügt. Wollen Sie auch beim Sport nicht auf Ihr Handy verzichten, sollten Sie sich ein stoßfestes »Outdoor-Handy« kaufen.

Schalten Sie Ihr Handy aus, wenn Sie es nicht benötigen. Dadurch schonen Sie nicht nur den Akku, sondern machen es auch Dieben schwerer. Wenn ein Langfinger Ihr Mobiltelefon entwenden konnte, wird er es ohne die richtige PIN schwerlich in Betrieb nehmen können.

Wenn das Handy baden ging Sollte das Gerät ins Wasser fallen oder feucht werden, nehmen Sie es so weit wie möglich auseinander (Akku und Karte ausbauen), schütteln Sie vorsichtig das Wasser heraus und trocknen Sie es mit einem Handtuch ab. Lassen Sie das ausgeschaltete Telefon einige Tage bei Zimmertemperatur austrocknen. Die Chance, dass es sich wieder erholt, ist gar nicht schlecht.

Handy-Kosten

Im Dickicht der Sonderangebote und Tarifalternativen ist es unmöglich geworden, den Überblick zu behalten. Der grundsätzliche simplify-Rat lautet deshalb: Unterhalten Sie sich immer wieder mit anderen Menschen

über deren Telefonkosten. Mit dem Wechsel zu einem neuen Anbieter können Sie möglicherweise Ihre Kosten halbieren! Als dieses Buch entstand, kamen gerade die ersten Flatrate-Tarife fürs Handy auf den Markt, also telefonieren zum monatlichen Festpreis. Daneben gibt es ermäßigte Tarife für Firmenkunden, für Journalisten und andere Berufsgruppen sowie für Mitglieder bestimmter Vereine.

Noch eine Falle: Wenn ein Anbieter ein besonders günstiges Angebot macht, ziehen die anderen in der Regel bald nach. Aber häufig bleiben Sie in Ihrem alten teuren Tarif hängen, wenn Sie nicht aktiv werden. Besuchen Sie deshalb regelmäßig den Laden, in dem Sie Ihr Handy gekauft haben, und lassen Sie sich über die neuen Angebote informieren.

Handy-Etikette

Telefonieren bleibt auch im Handyzeitalter eine Privatangelegenheit. Die simplify-Basisregel für das Telefonieren mit dem Handy in der Öffentlichkeit lautet daher auch hier: Orientieren Sie sich an der guten alten Telefonzelle. Vermeiden Sie das Telefonieren, wo es die Ruhe oder die Konzentration Ihrer Mitmenschen stört.

Die virtuelle Telefonzelle Wenn Sie einen Anruf empfangen, ziehen Sie sich in eine stille Ecke zurück. Schaffen Sie sich Ihre eigene Telefonzelle, indem Sie genug Abstand zu den Mithörenden halten. So belästigen Sie niemanden mit Ihrem Gespräch und verbreiten auch nicht ungewollt interne Informationen. Halten Sie Handygespräche kurz, nicht nur wegen der Kosten, sondern vor allem aus Gründen der Höflichkeit.

simplify-Tipp: Vereinbaren Sie mit allen, die Ihre Handynummer erhalten, dass Sie stets etwas Zeit brauchen, um den Anruf anzunehmen. Dann können Sie in aller Ruhe den Klingelton abschalten (ohne abzuheben), Ihre »Telefonzelle« aufsuchen und dann erst den Anruf annehmen. Beim Handy gilt die Telefon-Höflichkeitsregel »Nach dem dritten Klingeln abheben« nicht!

Der piepsende Dritte Legen Sie Ihr Handy nicht auf den Tisch, wenn Sie mit jemandem im Gespräch sind. Denn das signalisiert: Ich bin jederzeit bereit, die Unterhaltung mit Ihnen zu unterbrechen. Die unterschwellige, aber eindeutige Botschaft lautet: »Sie sind mir nicht wichtig.« Wenn Sie einen wichtigen Anruf erwarten, teilen Sie dies am Anfang Ihres Gesprächs mit und holen Sie sich so vorab das Einverständnis Ihres Gesprächspartners.

Vibrationsalarm: Keineswegs unhörbar Der Vibrationsalarm, den inzwischen fast alle Handymodelle bieten, eignet sich nur für belebte Situationen, denn er ist nicht lautlos. In einem ruhigen Konferenzraum ist der Schüttelalarm praktisch nur ein rücksichtsvoll leiser Klingelton. Die Bitte um Ver-

ständnis vorab ersetzt der »stumme« Vibrator daher nicht.

Volle persönliche Anwesenheit Wenn Sie unterwegs sind, vereinbaren Sie vorher mit Ihrem Lebenspartner und Ihren Kindern, wann und wie oft Sie gegenseitig Lebenszeichen voneinander erwarten. Rufen Sie zum Beispiel an, wenn Sie nach einer Reise gut angekommen sind, damit sich der andere keine Sorgen macht. Ersparen Sie sich und anderen die ständigen »Ich bin jetzt am Bahnhof sowieso«-Anrufe.

simplify-Tipp: Wenn Sie zu Hause sind, seien Sie ganz da und schalten Sie Ihr Handy ab. Vereinbaren Sie mit Ihren Geschäftspartnern, ab wann Sie nicht mehr gestört werden möchten. Nur wenige Geschäfte sind so wichtig, dass sie nach 19 Uhr bei Ihnen zu Hause besprochen werden müssen und nicht bis zum nächsten Morgen warten können.

Klare Abmachungen Das Handy verführt dazu, unklare Termine und Aufträge zu vereinbaren oder sich solche aufhalsen zu lassen (»Wenn ich in der Nähe bin, rufe ich noch mal an.«). Das hält beide Partner in einer anstrengenden Wartestellung. Informieren Sie sich rechtzeitig, wie Sie zu einem Treffpunkt gelangen, um sich und anderen unnötige Störungen zu ersparen (»Ich bin jetzt an der Tankstelle beim Lidl-Markt, wie komme ich nun genau zu Ihnen?«).

simplify-Tipp: Verabreden Sie Termine bei längerer Anreise mit einer Pufferzone (»Nur wenn ich mich um mehr als 20 Minuten verspäte, rufe ich Sie an.«).

Absolute Tabus In Theatern, Kinos, Konzerten und ähnlichen Veranstaltungen ist der Gebrauch des Mobiltelefons eine grobe Rücksichtslosigkeit. Dies gilt auch für Beerdigun-

gen, Krankenhausbesuche, in Kirchen und Museen. Machen Sie sich und Ihren potenziellen Anrufern klar, dass Sie niemals rund um die Uhr erreichbar sein können. Dann werden Sie Ihr Handy bei solchen Situationen beruhigt ausschalten.

Wenn das Telefon nervt Möglichkeit 1: Stellen Sie auf E-Mail um. Viele Führungspersonen haben es satt, ständig vom Telefon unterbrochen zu werden und haben das Handy abgeschafft. Stattdessen nutzen sie ein tragbares E-Mail-Empfangsgerät. Am berühmtesten ist der Blackberry, der aussieht wie ein vergrößertes Handy. Inzwischen gibt es viele ähnliche Geräte. Informieren Sie Ihre Mitarbeiter und Kunden: Wenn jemand etwas Dringendes von Ihnen will, muss er eine E-Mail schreiben. Sie versichern im Gegenzug, Ihre Mails alle zwei oder drei Stunden durchzusehen. Auf diese Weise sind Sie immer erreichbar, werden aber nicht zum Sklaven der modernen Kommunikationstechnik. Bei komplizierteren Sachverhalten rufen Sie zurück, bei einfacheren senden Sie eine superknappe Antwort-Mail.

Möglichkeit 2: Sie vereinbaren mit Ihren Freunden und Kunden Sprechzeiten, zu denen Sie in der Regel erreichbar sind. Außerhalb dieser Zeiten schalten Sie das Handy ab.

Die simplify-Methode für die Telefonleitung

Vielleicht wird es eines Tages nur noch Handys geben. Doch bis dahin haben wir immer noch das Festnetztelefon, das über die Telefonleitung mit dem weltweiten Telefonnetz verbunden ist. Dieses dünne Kabel (Fachbezeichnung »Klingeldraht«) dient mittlerweile nicht mehr nur dem guten alten »Fernsprechen«.

Man sieht es dem Draht selbst nicht an, dass er inzwischen auch für digitale Angebote genutzt wird: derzeit ISDN (Integrated Services Digital Network, Integriertes Dienstleistungsdatennetz) und DSL (Digital Subscriber Line, digitale Teilnehmeranschlussleitung).

Telefone selbst anschließen

Es ist noch gar nicht lange her, da war es strengstens verboten, in Eigenregie am Klingeldraht der Telekom (damals noch: Bundespost) herumzuwerkeln. Jetzt ist das nicht nur erlaubt, es wird sogar erwartet. Den Betreibern ist es viel zu teuer geworden, leibhaftige Installateure in die Häuser zu schicken, um neue Telefontechnik anzuklemmen. Wenn Sie sich den Anschluss nicht selbst zutrauen, müssen Sie auf eigene Rechnung einen Handwerker kommen lassen, der für das Zeit raubende Strippenziehen schnell ein paar Hundert Euro verlangt. Deshalb hier die Ermutigung und Kurzanleitung fürs Selbermachen.

Was ist erlaubt? Rechtlich kurios: Der alte herkömmliche Analoganschluss ist Eigentum der Deutschen Telekom. Manipulationen daran unterliegen eigentlich deren Einverständnis. In der Praxis aber ist gerade die analoge Technik fast idiotensicher, und weil die Telekom viele Fremdfirmen mit der Installation beauftragt, hat sie faktisch keine Kontrolle mehr über das Durcheinander bei den Hausanschlüssen.

Haben Sie dagegen einen ISDN-Anschluss, ist die – viel kompliziertere – Welt hinter der Anschlussbox (mit dem absurden Namen NTBA, Netz-Terminator-Basis-Anschluss) vollständig Eigentum von Ihnen, dem Teilnehmer. Sie dürfen allerdings nur Geräte anschließen, die eine Zulassung des entsprechenden Bundesamtes tragen, erkennbar an einer BZT- oder ZZF-Nummer (Bundesamt für Zulassungen in der Telekommunikation, hieß vorher Zentralamt für Zulassungen im Fernmeldewesen).

Aus elektrischer Sicht ist die Telefonleitung einfacher und ungefährlicher als die 230-Volt-Stromleitung. Bei der analogen Telefonleitung sind maximal 60 Volt möglich, das kribbelt etwas, ist aber ungefährlich. Bei ISDN kribbelt es nicht einmal mehr.

Vom Keller bis zu Ihrem Telefon Ein Telefon braucht einen zweiadrigen Anschluss, die beiden Drähte heißen fantasievollerweise La und Lb. Für jeden Teilnehmer sind vorsorglich zwei analoge Telefonnummern reserviert, deswegen ist ein Telefonkabel immer vieradrig. Irgendwo, meist im Keller Ihres Hauses landet dieses Kabel an einem APL (Abschlusspunkt des Leitungsnetzes). Aus dem grauen Kästchen führt eine Leitung mit vier Adern in Ihre Wohnung. An der einen Leitung ist die »primäre Anschlussdose« angeschlossen (offizielle Bezeichnung: TAE, Telekommunikations-Anschluss-Einheit). Sie hat meist drei Buchsen, bezeichnet mit N, F und N. Nur in der Mitte bei F können Sie ein Telefon anschließen, die anderen Buchsen sind für Fax und Anrufbeantworter.

Wenn Sie statt einer Anschlussdose nur ein loses Kabel vorfinden oder eine Dose verlegen müssen, dann gehen Sie beim Verdrahten wie folgt vor: Von den vier Adern des Kabels benötigen Sie das ohne (La) und das mit den einfachen Ringmarkierungen (Lb). Die beiden mit den doppelten Ringlein sind für die zweite Nummer. Zwischen La und Lb herrschen 60 Volt Gleichspannung. Wenn Sie unsicher sind, ob das Kabel richtig beschaltet ist, halten Sie die blanken Enden der beiden Adern nacheinander kurz an den Schutzkontakt einer 230-Volt-Steckdose (keinesfalls in die Spannung führenden Löcher!).

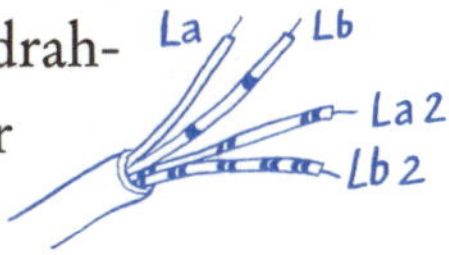

Die Ader, an der Sie eine kleine Funkenbildung beobachten, ist der Minuspol La. Verbinden Sie diesen La-Draht mit den Schraubanschluss 1, und den Lb-Draht mit dem Anschluss 2 in der Dose. Wenn Sie es verwechseln, ist es nicht wirklich schlimm, kann aber bei manchen Geräten zu Störungen führen.

Wenn Sie eine neue Telefonleitung verlegen, sollten Sie vermeiden, dass das Telefonkabel über längere Strecken mit Stromleitungen parallel läuft. Sonst fängt die Leitung den unangenehmen Netzbrummton auf.

Analog oder ISDN?

Analoge Geräte sind kaum noch zu bekommen. Wenn Sie einen neuen Anschluss beantragen, sollten Sie deswegen gleich mit ISDN einsteigen. Die Grundgebühren sind etwas höher, das wird aber in den meisten Fällen durch günstigere Gesprächsgebühren aufgefangen.

Wenn Sie von analog auf ISDN umstellen, beantragen Sie das bei einer Telefongesellschaft Ihrer Wahl, denn das Monopol der Telekom gibt es nicht mehr. Sie erhalten dann einen Termin für die Umstellung und ein Kästchen namens NTBA. Dieses funktioniert wie ein Zwischenstecker: Sie stöpseln es anstelle des Telefonsteckers in die Anschlussdose. Der NTBA benötigt meist noch einen 230-Volt-Anschluss für seine eigene Stromversorgung. Wenn Sie ein altes analoges Telefon oder Faxgerät benutzen wollen, benötigen Sie einen Wandler – das ist noch ein Kästchen, das ungefähr 60 Euro kostet. Cleverer ist es, wenn Sie auf eine Schnurlosanlage umstellen (zum Beispiel das Siemens Gigaset), denn hier sind meist zwei Buchsen für analoge Geräte integriert.

Die nahezu quadratische andere kleine Steckdose am NTBA ist für das Kabel zu Ihrem ISDN-Gerät, also etwa ein Telefon mit Anrufbeantworter oder eine Hausanlage für mehrere Schnurlostelefone.

ISDN bietet jede Menge Leistungen, die alles andere als simplify sind: Weitervermitteln, Anklopfen, externe Rückfragen und vieles mehr. In der Regel ohne Mehrkosten können Sie insgesamt zehn Telefonnummern beantragen. Wenn im Display die Buchstabenfolge MSN (Multiple Subscriber Number, Mehrfachrufnummer) auftaucht, handelt es sich schlichtweg um Ihre Telefonnummer(n).

Auf einer ISDN-Leitung lassen sich zwei Gespräche gleichzeitig führen, oder Sie können zugleich telefonieren und das Internet benutzen. Bei einer Anlage mit mehreren Sprechgeräten kann das unangenehm sein: Während Sie sprechen, ruft jemand an und der andere Apparat klingelt. Wenn Sie Ihr Telefon vereinfachen und dem Anrufer ein Besetztzeichen übermitteln möchten, müssen Sie im Menüsystem Ihrer Anlage suchen; meistens werden Sie unter »Einstellungen« fündig.

Lohnt sich Internet?

Dazu gibt es zwei simplify-Antworten: 1. Wir sind überzeugt, dass Sie auch ohne Computer und E-Mail glücklich und erfüllt leben können. 2. Wir sind überzeugt, dass Computer und E-Mail das Leben vereinfachen können. Es ist eine Sache Ihrer persönlichen Vorlieben, auf welche Seite Sie sich schlagen.

Am besten zum Festpreis Falls Sie sich zu Gruppe 2 zählen, gibt es ein Produkt, das Ihren Umgang mit dem Internet enorm vereinfachen wird: die Flatrate, zu deutsch »Pauschale«. Sie bezahlen einen festen Betrag pro Monat und können dafür so lange im Internet surfen, wie Sie möchten. Wenn Sie beim Schreiben eines Artikels eine Information benötigen, ist sie nur einen Maus-Klick entfernt. Mit einer Flatrate nutzen Sie Lexika, Wörterbücher, Telefonverzeichnisse und alle möglichen anderen Informationsquellen im Internet, ohne je wieder einen Gedanken daran zu verschwenden, ob das nicht zu teuer ist.

Mit der Flatrate vereinfacht sich das Internet zu dem, was es in den USA schon lange ist: Es ist praktisch gratis und immer verfügbar, wie eine gigantische öffentliche Bibliothek in Ihrem Nebenzimmer.

Flatrates gibt es von verschiedenen Anbietern. Aber Vorsicht: Es gibt »echte« Flatrates (bei denen Sie theoretisch Tag und Nacht downloaden können, so viel Sie wollen) und nicht ganz echte (sie kosten ab einer bestimmten Datenmenge pro Monat einen Aufpreis). Tipps zu den einzelnen Tarifen lohnen sich hier nicht, da sich das Angebot zu schnell wandelt. Nutzen Sie unabhängige Internet-Seiten, auf denen ständig die neuesten Schnäppchen auf diesem Markt miteinander verglichen werden: www.teltarif.de, www.tariftip.de. www.billiger-telefonieren.de und www.guter-rat.de/telefontarife. Speziell für Internet-Tarife: www.onlinekosten.de.

Der Preisvergleich ist eine Wissenschaft für sich, denn nach dem Wegfall der Monopole haben Sie es mit bis zu drei verschiedenen Anbietern zu tun: Einer stellt die Telefonleitung (analog oder ISDN), einer schaltet das DSL-Signal auf diese Leitung (DSL-Provider) und einer rechnet mit Ihnen die Verbindungsgebühren ab (Internet-Provider). Bei einem Neuanschluss erledigt der Internet-Provider meist die Formalitäten für die beiden anderen Anbieter.

Zum Zeitpunkt der Veröffentlichung lag der monatliche Preis für die schnellste Verbindung (DSL 6000) bei knapp 60 Euro: rund 24 Euro für die ISDN-Leitung, 25 Euro für den DSL-Provider und 10 Euro für die Flatrate.

ISDN oder DSL? Wenn Sie viel im Internet unterwegs sein wollen, lohnt sich die nächste technische Weiterentwicklung der traditionellen Telefonstrippe: die Digital Subscriber Line (DSL). Die mögliche Höchstgeschwindigkeit ist enorm. Schafft ISDN 64 KiloBit pro Sekunde, so sind es bei DSL 1000 über 1 000 kBit, bei DSL 2000 über 2 000 kBit und so weiter. In der Praxis wird dieses Tempo selten erreicht, aber beim Herunterladen großer Dateien sind ISDN-Nutzer von der DSL-Leistung schon sehr beeindruckt. Sehen Sie der Wahrheit ins Auge: ISDN war eine feine Sache, aber es ist überholt. Einziges Manko von DSL: Wenn Sie weit entfernt von einer Großstadt wohnen, ist DSL in Ihrem Ortsnetz möglicherweise noch nicht verfügbar. Aber der Ausbau geht zügig voran.

Wenn Sie von ISDN auf DSL umstellen, stellen Sie wieder einen Antrag und erhalten dieses Mal zwei Kästchen: einen Splitter, den Sie anstelle des NTBA in die Anschlussdose stöpseln. Der Stecker des NTBA kommt dann in den Splitter. Der andere, größere Kasten heißt DSL-Modem oder NTBBA (jetzt wird es vollends absurd: Netz-Terminationspunkt-Breitbandanschluss). Die Verbindung zum Computer geschieht über ein Netzwerkkabel (Fachbezeichnung: Ethernet mit 10BaseT-Anschluss). Der PC braucht eine eingebaute Netzwerkkarte. Bei neueren PCs ist sie schon standardmäßig integriert. Sie merken, dass das mit simplify überhaupt nichts mehr zu tun hat. Aber wenn erst einmal alles installiert ist und funktioniert, ist es herrlich einfach: Das Internet ist immer »an«, und die ständig günstiger werdenden Tarife machen die Entscheidung eigentlich leicht. Mit Blick auf die Zukunft sollten Sie etwas anderes als eine DSL-Verbindung wenn möglich gar nicht ins Auge fassen.

Lohnt sich ein Netzwerk?

In Firmen ist es selbstverständlich, dass die Computer miteinander verbunden sind. In einer Familie lohnt sich das auch, denn dann benötigen Sie nur einen Internetanschluss, der von allen genutzt werden kann. Wenn Sie auf

DSL umstellen, bietet sich ein gemeinsamer Anschluss besonders an. Als Zusatzbonbon erhalten Sie die Möglichkeit, sich gegenseitig Dateien zu schicken und auf gemeinsame Archive (etwa die digitalen Familienfotos) zuzugreifen. Computer-Kids schätzen Netzwerke, weil viele PC-Spiele dann von mehreren gemeinsam gespielt werden können.

Ein Router verbindet Damit das Netzwerk funktioniert, braucht jeder PC eine Ethernet-Netzwerkkarte (um die 50 Euro, bei neuen PCs und Macs ist sie schon eingebaut) und je ein Kabel zum gemeinsamen Verbindungspunkt, dem Router. Manche sprechen ihn korrekt »Ruuter« aus, es hat sich im Computer-Kauderwelsch aber auch »Rauter« eingebürgert. Der Router ist mit dem NTBBA-Kasten Ihres DSL-Anschlusses verbunden. Die einzelnen angeschlossenen Rechner dürfen sogar unterschiedliche Betriebssysteme besitzen. Viele Router bieten außerdem einen Druckeranschluss, sodass ein Drucker von allen PCs aus benutzt werden kann.

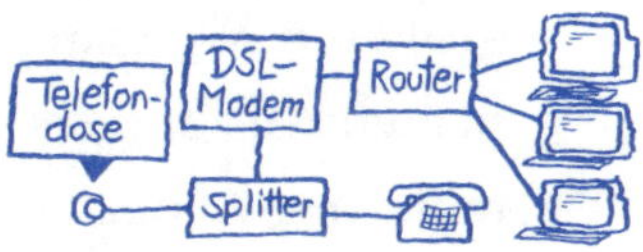

Kabel selbst ziehen Die Einrichtung eines solchen Netzwerks gehört nicht zu den simplify-Jobs und sollte von einem Spezialisten durchgeführt werden. Sie können Geld sparen, wenn Sie die reinen Handwerksarbeiten vorher

selbst durchführen: Lassen Sie sich von Ihrem Netzwerkbauer eine Rolle Ethernet-Kabel geben, bohren Sie die nötigen Löcher, ziehen Sie die Kabel durch, verstecken Sie sie hinter Wandleisten, Schränken und so weiter. Die Steckeranschlüsse und die Einrichtung der Software übernimmt dann der Spezialist.

Verbindungen per Funk oder Stromleitung In größeren Wohnungen und Häusern kann es manchmal billiger sein, die einzelnen PCs nicht mit Kabel, sondern per Funk miteinander zu verbinden (WLAN, Wireless Local Area Network). Viele Router haben WLAN bereits eingebaut. Außerdem benötigen Sie für jeden drahtlos betriebenen PC eine WLAN-Karte. Notebook-Computer haben WLAN oft schon integriert, sodass entspanntes Internet-Surfen vom Liegestuhl im Garten aus möglich ist.

Wenn Ihnen die Sache mit den Funkwellen nicht behagt (obwohl die Strahlungsenergie sehr gering ist), erkundigen Sie sich nach Netzstrom-Adaptern. Die nutzen die normale 230-Volt-Stromleitung als Transportweg – klingt verrückt, funktioniert aber. Der Stromzähler ist dabei die Sperre, sodass Sie innerhalb einer Wohnung oder eines Einfamilienhauses ohne Kabelziehen miteinander verbunden sind. Pro Anschluss – einer für den Router und einen pro PC – kostet das um die 80 Euro und ist gegenüber langen Kabeln eine günstige Alternative.

Machen Sie sich's schön

Gestalten Sie Ihren Telefon- und Computerarbeitsplatz so leistungsfähig und freundlich, dass Sie gern dort sitzen: ein aufgeräumter Schreibtisch, ein bequemer Bürostuhl, Te-

lefonnotizen und Schreibgeräte in Griffweite. Liegt Ihr Hörer gut in der Hand, fühlt er sich am Ohr angenehm an? Kennen Sie die wichtigsten technischen Kniffe Ihres Apparats (Wahlwiederholung, Weiterverbinden, Freisprechen)? Wenn nicht, machen Sie einen Testanruf bei einem guten Bekannten, bei dem Sie alles einmal ohne Druck ausprobieren können. Wenn Sie viel telefonieren, sollten Sie ein Headset ausprobieren, dann haben Sie beide Hände frei – eine echte Vereinfachung des Lebens. Wie Sie sich Ihren Computer so einrichten, dass die Arbeit damit Freude macht, erfahren Sie im nächsten Kapitel.

Die simplify-Methode für Computer

Seit seiner Erfindung ist der Computer ein Dilemma in sich: Eine unglaublich diffizile Maschine, die ganz einfach bedienbar sein soll. Bei wohl keiner anderen technischen Errungenschaft wurde ein so gewaltiger Aufwand betrieben, um ein kompliziertes Ding unkompliziert erscheinen zu lassen. Bei keinem anderen Gerät hat das, was Sie sehen (die so genannte Benutzeroberfläche), so wenig mit dem zu tun, was im Inneren wirklich passiert. Der Abstand zwischen den Ingenieuren und den Nutzern ist immens.

simplify-Tipp: Pfeifen Sie auf diesen Abstand! Betrachten Sie Ihren Computer wie ein Pianist sein Klavier: Man muss kein Klavier bauen können, um virtuos darauf spielen zu können. Sagen Sie niemals Sätze wie: »Ich bin zu doof für Computer.« Sie wissen vielleicht nicht, was ein Registry-Eintrag ist, aber vielleicht können Sie auf Ihrem PC wunderschöne Gedichte schreiben. Das kann der PC-Spezialist, der Ihnen etwas über NTFS und Proxy-Server erzählt, vermutlich nicht.

Hardware

Ein Computer ist ein ziemlich großes Möbelstück: ein Kasten auf dem Boden, ein Bildschirm, eine Tastatur, eine Maus und jede Menge Kabel. Bei Entscheidungen, welche Ausrüstung für Sie sinnvoll ist und Fragen, wie Sie alles ergonomisch organisieren können, möchten wir Sie gern etwas unterstützen.

Der simplify-Computer Wenn Sie sich gerade einen Computer zulegen wollen, sollten Sie überlegen, ob es vielleicht auch ein tragbarer Computer tut – ein Notebook-PC oder ein

PowerBook von Apple. Er ist zwar etwas teurer als ein großes Schreibtisch-Modell, aber mit

einem solchen kompakten Modell können Sie Ihren Alltag einfacher und ästhetisch schöner gestalten. Auch dann, wenn Sie damit gar nicht auf Reisen gehen wollen. Die Schwachstellen aller tragbaren Geräte sind lediglich die Tastatur und der Mausersatz (ein Touchpad oder ein Gummiknuffel zwischen den Tasten). Wenn Sie eine externe Tastatur und eine richtige Maus anschließen, besitzen Sie einen vollwertigen Computer, der weit weniger Platz benötigt als ein normaler PC.

Windows oder Mac? Groß ist die Auswahl bei der grundsätzlichen Art des Computersystems nicht. Etwa 95 Prozent des Marktes beherrschen Geräte mit dem Betriebssystem Windows (der eigentliche »PC«), die restlichen 5 Prozent gehören dem Apple Macintosh (»Mac«). Unter den PCs gibt es einige, die mit dem Betriebssystem Linux laufen, aber das betrachten wir unter simplify-Gesichtspunkten hier nicht, denn Linux setzt zumindest die Bereitschaft voraus, sich wirklich intensiv mit dem System selbst zu befassen.

Mac-User schwören auf die Einfachheit ihrer Geräte. Wir benutzen beide Systeme und müssen sagen: Der Mac ist tatsächlich etwas einfacher, dafür ist alles etwas teurer. Der grundsätzliche Unterschied zwischen den beiden Computerwelten jedoch ist vor allem, dass sich die Mac-Gemeinde für ihre Maschinen begeistert. PC-Besitzer können mit ihren Geräten praktisch alles, was die Mac-Jünger auch können, aber sie nehmen Neuerungen als normal hin. Eigentlich schade. Deswegen unser simplify-Tipp: Suchen Sie immer wieder einmal die Gesellschaft von Apple-Begeisterten und lassen Sie sich anstecken. Dass Computer inzwischen klaglos mit Musik, Bildern, Filmen und riesigen Datenmengen jonglieren, ist faszinierend. Ansonsten gilt für die Auswahl des Systems: Nehmen Sie das, was die Menschen benutzen, mit denen Sie hauptsächlich zu tun haben. Dann können die Ihnen am leichtesten helfen.

Das Ende vieler Probleme: Ein neuer PC

Wenn Ihr Desktop- oder Notebook-PC keine USB-Buchsen hat, wird es höchste Zeit, an eine Neuanschaffung zu denken. Denn dann

ist Ihr PC so alt, dass Sie auch mit vielen anderen Errungenschaften Schwierigkeiten bekommen werden –

und das Aufrüsten eines alten PCs geht ganz schön ins Geld, von der Bastelzeit ganz zu schweigen. Ein Neukauf ist wirtschaftlicher.

Um das Internet zu nutzen, genügt inzwischen der einfachste PC, den es im Laden gibt. Gegenüber alten Geräten enthalten neue Modelle alle für den Internet-Zugang nötigen Komponenten, und alles passt zusammen. Was beim Nachrüsten Quelle ständigen Ärgers ist, taucht bei einem neuen gar nicht als Problem auf.

Ein cleverer Tipp aus den USA: Bevor Sie neue Computer-Software oder -Hardware kaufen, finden Sie die Hotline-Nummer der Firma heraus und rufen Sie dort an. Wenn Sie an ein unmögliches Spracheingabesystem geraten, die Servicezentrale immer nur besetzt ist oder es sich gar um eine teure 0190-Nummer handelt, kaufen Sie deren Produkt lieber nicht.

PC mit zwei Bildschirmen Falls Sie erwägen, sich einen neuen PC zuzulegen, fragen Sie nach einer »Dual Monitor«-Grafikkarte. Für einen moderaten Aufpreis lassen sich damit zwei Bildschirme betreiben, wodurch sich

Ihre Arbeitsfläche verdoppelt. Vielleicht steht ja irgendwo ein ausrangierter Monitor herum? So können Sie auf dem einen Monitor Ihre Texte tippen, auf dem anderen Ihre E-Mails betrachten, und mit der Maus fröhlich vom einen zum anderen wechseln. Bei den neuen Apple-Powerbooks ist das übrigens Standard: Wenn Sie einen externen Bildschirm anschließen, wird er zur zusätzlichen Arbeitsfläche, während das eingebaute Display weiter funktioniert. Das wird Ihre Arbeitsfreude am Computer beflügeln!

Aufräumen hinter dem PC Ein normaler PC hat um die zehn verschiedenen Anschlüsse an seiner Rückseite und versorgt bis zu acht externe Geräte, die fast alle ein eigenes Netzkabel brauchen. Da kommen schnell über zwölf Kabel zusammen, die aufgeräumt werden müssten. Denn wilder Kabelsalat hinter Ihrem Schreibtisch ist nicht nur unschön, sondern kann auch ungesunde elektromagnetische Felder aufbauen.

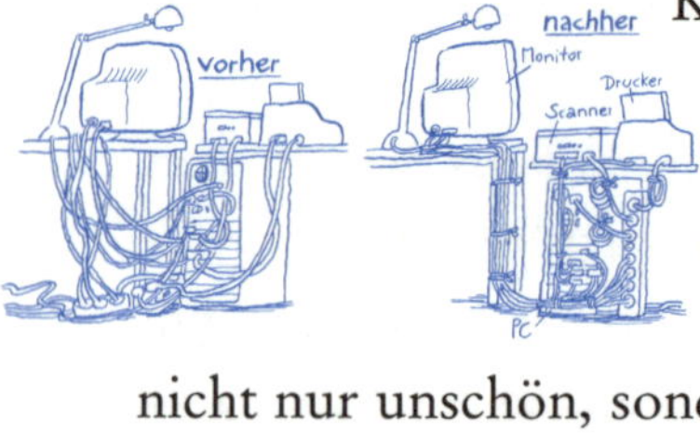

Wenn Sie ein neues elektrisches Gerät kaufen, werden die Kabel häufig von einem plastikummantelten Stück Draht zusammengehalten. Werfen Sie es nicht achtlos weg, denn es kann wertvolle Dienste leisten: Wickeln Sie zu lange Anschlusskabel auf und halten Sie sie mit diesem Drahtstück zusammen. Vereinigen Sie einzelne Kabel zu Strängen, indem Sie in regelmäßigen Abständen die Drahtstücke herumwickeln.

Im Bürohandel gibt es Kabelschläuche, Kanäle und Kabelverbinder, die gute Dienste leisten können. An Einfachheit aber ist das Stückchen Draht nicht zu übertreffen. Das Schöne daran: Wenn Sie das nächste Mal ein neues Gerät auspacken und das beschriebene Drahtstückchen entdecken, wird es Sie ganz automatisch daran erinnern, hinter der neuen Gerätschaft mit einfachen Mitteln für Ordnung zu sorgen.

Lange Steckdosen Sie vereinfachen sich das Leben mit dem Computer beträchtlich, wenn Sie sich eine riesige Steckdosenleiste mit acht oder noch mehr Anschlüssen leisten. Denn immer kommen unvorhergesehene Geräte dazu – Scanner, Netzgerät für Palmtops, eine zweite Schreibtischlampe (sehr empfehlenswert) und so weiter. Praktisch ist eine Leiste mit Schalter. Dann können Sie, nachdem Sie den Computer ordnungsgemäß heruntergefahren haben, die Stromversorgung komplett abschalten und Energie sparen.

Welchen Drucker? Laserdrucker sind zwar leise und bieten exzellente Qualität, stoßen aber oft stechend-süßlich riechendes Ozon aus, das Kopfschmerzen verursachen kann. Sorgen Sie dafür, dass Laserdrucker am besten in einem separaten »unbemannten« Raum stehen oder in der Nähe eines Fensters, das sich öffnen lässt. Ein Tintenstrahldrucker ist emissionsfrei, kann mit seinem zirpenden Arbeitsgeräusch aber ganz schön an den Nerven zerren. Noch geräuschvoller arbeiten Nadeldrucker. Daher lautet das Motto beim Thema Drucker: Je weiter weg, umso besser. Sehen Sie es als Fitness-Training an, wenn Sie ab und zu einen kleinen Gang zum Drucker machen müssen.

Bewahren Sie Verbrauchsmaterialien wie Papier, Toner oder Druckerpatronen nicht an einem zentralen Ort auf, sondern möglichst in unmittelbarer Nähe des Geräts, für das sie gebraucht werden: Patronen und Papier neben dem Drucker, Toner und Papier neben dem Kopierer, Disketten und CD-Rohlinge neben dem PC.

Drucker sind im Vergleich zu früher unglaublich billig geworden. Meist aber gilt die Formel: Je preiswerter der Drucker, um so höher die laufenden Kosten für Tintenpatronen und Tonerkartuschen. Wenn Sie viel Texte ausdrucken, lohnt sich ein robuster Schwarzweiß-Laserdrucker. Benötigen Sie oft Farbe, kann sich ein Farblaserdrucker schnell bezahlt machen.

Wohin mit dem Bildschirm? Es ist erschreckend, wie viele Monitore falsch aufgestellt sind. Am besten steht er seitlich zu einem Fenster. Haben Sie das Fenster im Rücken, gibt es lästige Spiegelungen auf dem Bildschirm. Blicken Sie am Monitor vorbei direkt auf ein Fenster, kann der Kontrast Augen- und Kopfschmerzen verursachen. Gewöhnen Sie sich Ihrem Wohlbefinden zuliebe an, nicht ununterbrochen auf den Bildschirm zu starren – schlechte Maschinenschreiber, die beim Tippen auf die Tasten sehen müssen, sind also gesundheitlich gesehen im Vorteil.

Software

Es gibt Computer-Tipps, die sind so simpel, dass sie in keinem Fachbuch stehen. Doch sie können einem die Computerarbeit um einiges erleichtern. Deshalb möchten wir Ihnen die bewährtesten aus der simplify-Redaktion nicht vorenthalten.

Sicher ist sicher Nichts vereinfacht das Leben mit dem Computer so sehr wie regelmäßige Sicherungskopien Ihrer wichtigsten Dateien. Organisieren Sie die Festplatte Ihres PCs so, dass Ihre selbstverfassten Daten (Briefe, Texte, Listen) und die Programmdateien in getrennten Ordnern abgelegt werden. Dann ist es einfacher, nur die Daten zu sichern. Denn die großen Programmdateien können Sie im Notfall von den Originaldisketten oder -CDs neu installieren.

Das preisgünstigste Speichermedium zum Sichern großer Datenmengen ist ein CD-Brenner, mit dem Sie selbst CD-ROMs herstellen können. Eine simplify-mäßige Sicherung gegen Festplattenkatastrophen ist ein Netzwerk: Speichern Sie wichtige Daten immer auf mindestens zwei PCs ab. Dass bei beiden gleichzeitig die Platten aufgeben, ist unwahrscheinlich. Profis werden bei dieser Empfehlung die Haare zu Berge stehen, sie bestehen immer auf regelmäßigen Komplett-Sicherungskopien, die im Tresor aufbewahrt werden. Aber für den Hausgebrauch ist die Zwei-PC-Methode ausgesprochen praktikabel.

Briefbogen supereinfach Fertigen Sie sich auf dem PC einen elektronischen Briefbogen an, mit Ihrem Absender, Fax, Telefon und E-Mail. Wo die Anschrift des Empfangers stehen soll, schreiben Sie das Wort »Anschrift«. Auch eine allgemeine Anrede (»Sehr geehrte Damen und Herren«) und eine Schlussformel kann Ihr Briefbogen schon enthalten. Nennen Sie diese Datei @BRIEF.DOC, wegen des @-Zeichens steht sie bei »Datei öffnen« in der Liste immer an erster Stelle. Wenn Sie einen neuen Brief schreiben, öffnen Sie die @BRIEF-Datei, speichern sie sofort unter neuem Namen und verfassen den Brief. Natürlich geht das alles viel eleganter mit Design-Vorlagen – aber so ist es wirklich einfach!

Briefe schreiben, noch einfacher Es gibt ausgeklügelte Techniken zur Verwaltung von Briefen (mit Adressprogrammen, Makros und Textbausteinen). Hier die ganz einfache Variante: Sie schreiben einen Brief an Dr. Kühnel und speichern ihn unter dem Namen des Adressaten ab (Kühnel.doc). Wenn Sie ihm ein zweites Mal schreiben, öffnen Sie die Datei Kühnel.doc, speichern sie sofort unter einem neuen Namen (am besten Kühnel2.doc) und schreiben »über den alten Text drüber«. Vorteil: Ihr Briefkopf, die Adresse, die Grußformel und so manche Floskel können bleiben und müssen nicht neu geschrieben werden.

Wenn die Automatik nervt Word, die meistbenutzte Textverarbeitung der Welt, überrascht seine Benutzer mit ständigen Verbesserungen. Wohl kein anderes Computerprogramm wird kontinuierlich derart hart ergonomisch getestet und optimiert. Bei den neueren Versionen verwandelt Word ungefragt ein paar Striche in eine durchgezogene Linie, »korrigiert« Wörter oder färbt Internet-Angaben bunt.

Aber all diese gut gemeinten »Komfortfunktionen« lassen sich ausschalten – wenn Sie wissen, wo. Sie verstecken sich fast alle im Menü »Extras – AutoKorrektur«. Das Menü hat vier Registerkarten – so nennt Word die Reiter am oberen Rand. Wir empfehlen, folgende Änderungen gegenüber den Standardeinstellungen vorzunehmen:

- *Großschreiben nach einem Punkt: nein.* Klicken Sie auf der ersten Registerkarte auf das Kästchen vor dem Wort »AutoKorrektur«, sodass dort kein Häkchen zu sehen ist. Damit schalten Sie die Option »Jeden Satz mit einem Großbuchstaben beginnen« aus. Bei weniger gebräuchlichen Abkürzungen wie beispielsweise »zeitl.« schreibt Word sonst das nachfolgende Wort groß.
- *Wörter verbessern: nein.* Deaktivieren Sie auch den Punkt »Während der Eingabe er-

setzen«. Wenn Sie ein Wort falsch schreiben, unterkringelt die Rechtschreibfunktion von Word es ja ohnehin. Dann können Sie selbst entscheiden, ob Word Recht hatte oder Sie.

- *Magische Rahmen, Listen, Überschriften: nein.* Deaktivieren Sie auf der zweiten Registerkarte »AutoFormat während der Eingabe« alle fünf Kästchen im ersten Ab-

schnitt. Dann sind Sie vor störendsten Überraschungen gefeit. Wenn Sie wollen, lassen Sie den Punkt »Tabellen« aktiviert. Dann können Sie Tabellen schnell erstellen: Schreiben Sie ein Pluszeichen für jede vertikale Linie, dazwischen so viele Minuszeichen, wie die Spalte breit sein soll. Danach drücken Sie die Enter-Taste, und zwar für jede Tabellenzeile 1-mal. Aus den Zeichen +— —+— — — — — — — — — — — —+— —+— —+ und zweimal Enter-Taste macht Word dann eine zweizeilige, vierspaltige Tabelle.
- *Internet-Adressen zum Anklicken: nein.* Sobald Word in einem Text eine E-Mail-Adresse oder eine www-Angabe findet, wird sie eingefärbt und in einen Hyperlink

umgewandelt. Wenn Sie dieses Wort dann anklicken, öffnet sich Ihr Internet-Browser und führt Sie direkt an die entsprechende Stelle im Internet – vorausgesetzt, Ihr PC ist gerade online, sonst gibt es eine Fehlermeldung. Um sich solchen Ärger zu ersparen, deaktivieren Sie auf der zweiten Registerkarte »AutoFormat während der Eingabe« den letzten Punkt »Internet- und Netzwerkpfade durch Hyperlinks«. Finden Sie in einem Text noch einen farbigen Hyperlink vor, klicken Sie ihn mit der rechten Maustaste an. Es erscheint ein Mini-Menü, gehen Sie dort auf den Punkt »Hyperlink« und klicken Sie auf »Hyperlink entfernen«.

- *Vorschlagskästchen: nein.* Wenn Sie einen Wochentag oder ein Datum schreiben, taucht über dem angefangenen Wort ein Kästchen auf, in dem Word das komplette Wort vorschlägt. Sie könnten mit einem Druck auf die Enter-Taste den Vorschlag annehmen und sich den Rest des Tippens sparen. Aber meist haben Sie in der Zwischenzeit das Wort längst von Hand eingegeben, oder Words Vorschlag ist Unsinn (beim Datum bevorzugt

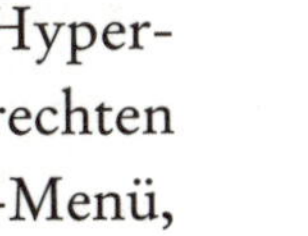

es die US-Schreibweise 01-31-2006). Deaktivieren Sie in der Registerkarte »AutoText« das Kontrollkästchen »Rest des Wortes …«.

Das kann bleiben Ganz praktisch ist die Funktion »Zwei GRoßbuchstaben am Wortanfang korrigieren«, denn Schreibweisen wie »EMail« sind ohnehin meist falsch (laut Duden heißt es »E-Mail«). Sonst hilft Ihnen die Tastenkombi-

nation Strg-Z (»Rückgängig«): Den Firmennamen »MTouristik« wandelt die Autokorrektur nach der Eingabe des Leerzeichens in »Mtouristik« um. Wenn Sie gleich danach Strg-Z drücken, macht Word dies aber wieder rückgängig – und lässt es auch so. Mit dieser Tastenkombination lassen sich auch alle anderen unerwünschten Automatikfunktionen außer Gefecht setzen.

Tastenkombinationen für Microsoft Word Bereits das Wissen einiger weniger Kniffe kann den Textverabeitungsalltag enorm vereinfa-

chen. Die folgenden hilfreichen Tastenkombinationen nutzen die Shift-Taste, jene Taste über den Strg-Tasten, mit dem hohlen Pfeil nach oben.

- Shift-F5: Der Cursor springt zurück zu den letzten Stellen im Text, an denen Sie gearbeitet haben. Vor allem bei längeren Texten extrem praktisch!
- Shift-F3: Macht den 1. Buchstaben groß: Aus *trick* wird *Trick*. Noch einmal betätigt, wird daraus *TRICK*. Eine echte Vereinfachung!
- Strg-F3: Markieren Sie in einem alten Text einen Satz oder Abschnitt, und drücken Sie Strg-F3. Das können Sie mehrmals hintereinander machen. Word sammelt alle markierten Fundstücke in einem speziellen Speicher, den Sie mit Shift-Strg-F3 an einer anderen Stelle oder in eine neue Datei einfügen können. Mit dieser tollen Funktion lassen sich zum Beispiel alte Reden recyceln. Aber Vorsicht: Word löscht alle markierten Stellen aus dem alten Text, damit Sie nichts doppelt sammeln. Speichern Sie den Text deshalb unter einem anderen Namen, dann bleibt die alte Version erhalten.

Gelbe Zettel im PC Wenn Sie in einem fremden Text Änderungswünsche oder Anmerkungen anbringen möchten, sind in der Welt

des Papiers aufgeklebte gelbe Post-it-Notizen praktisch. Microsoft Word kann das auch digital. Klicken Sie dort in den Text, wo Sie einen Kommentar anbringen möchten. Wählen Sie in der Menüleiste oben »Einfügen – Kommentar«. Unten am Bildschirm öffnet sich ein Fenster, in das Sie Ihren Text eintippen. Sind Sie fertig, klicken Sie auf »Schließen«. Das Wort, hinter dem Ihr Kommentar steckt, erscheint gelb hinterlegt. Sobald Sie oder jemand anderer mit der Maus über die gelbe Stelle fährt (ohne zu klicken), öffnet sich nach kurzer Wartezeit ein Fensterchen, in dem Ihr Kommentar mit Ihrem Namen erscheint.

Wollen Sie den Kommentar verändern oder löschen, klicken Sie mit der rechten Maustaste auf das gelb hinterlegte Wort. Es erscheint dann ein entsprechendes Mini-Menü.

Präsentieren mit PowerPoint

»Haben Sie etwas zu sagen oder haben Sie PowerPoint?« Mit diesem frechen Büro-Spruch wird das Dilemma vieler elektronischer Präsentationen in Unternehmen deutlich: Schon nach relativ geringer Zeit beginnt die aufwändige Technik zu langweilen. Mit den folgenden Tipps machen Sie aus einem 08/15-Vortrag einen Auftritt, für den Sie Beifall ernten werden.

Information wird überschätzt Eine internationale Studie der Unternehmensberatung Mercer Group erforschte, was Zuhörer bei Vorträgen, Seminaren und Präsentationen wollen. Das Ergebnis: Zuhörer wollen 1. beeindruckt, 2. unterhalten, 3. angeregt und 4. informiert werden. Information – der Punkt, den die meisten Präsentatoren für den wichtigsten halten – landete also auf dem letzten Platz. Deshalb: Nutzen Sie die visuellen Möglichkeiten! Bieten Sie etwas, damit Ihre Zuhörer hinsehen.

Sparsam texten, reich bebildern Es ist ein Jammer, dass die teure und aufwändige Technik, die für eine PowerPoint-Präsentation erforderlich ist, meist nur für das Vorführen reiner Schrifttafeln

verwendet wird. Beeindrucken und unterhalten können Sie am einfachsten mit Abbildungen. Bilder in Schrifttafeln einzubauen kann allerdings ganz schön knifflig werden. Schalten Sie deswegen lieber ganzseitige Bilder zwischen Ihre Textfolien. Wenn Sie ein paar mündliche Informationen zu dem Bild geben, wirkt das viel lebendiger als eine Folie, auf der Bild und Text gemischt sind.

Halten Sie die Lese-Rede-Spannung Lesen Sie niemals genau die Texte vor, die Sie auf der Leinwand zeigen. Steht auf Ihrem Bild »Umsätze 2004«, sagen Sie: »Nun zu den Umsatzzahlen vom letzten Jahr«. Selbst wenn es nur kleine Variationen sind, wirken Sie damit auf einfache Weise sehr professionell.

Haben Sie Mut zu Humor Wenigstens einmal während Ihres Vortrags sollten Ihre Zuhörer lachen. Je früher das geschieht, um so leichter haben Sie es danach. Noch nie war das so einfach wie im PowerPoint-Zeitalter: Ein Cartoon zum Thema, aus der Zeitung gescannt,

genügt schon. Gehen Sie dabei ruhig den direkten Weg: »Bevor ich zum Thema komme, wollte ich Ihnen diese schöne Zeichnung zeigen …« – und schon haben Sie entspannte Mienen vor sich.

Der Trick mit dem Punkt Wenn Sie mit PowerPoint präsentieren und die Aufmerksamkeit von Ihren Bildern auf Ihren Vortrag lenken wollen, sollten Sie zwischendurch den Projektor abschalten. Dazu drücken Sie auf die Taste mit dem Satzzeichen »Punkt«. Dann wird der Bildschirm sofort schwarz und nichts lenkt die Zuhörer mehr von Ihnen ab. Ein weiterer Druck auf die Punkttaste schaltet den Bildschirm wieder ein. Wenn es im Raum dadurch zu dunkel wird, nehmen Sie statt des Punkts die Komma-Taste. Dann wird der Bildschirm weiß.

Die simplify-Methode fürs Internet

Bill Gates gründete vor über 30 Jahren das Unternehmen Microsoft und wurde durch die PC-Revolution zu einem der reichsten Männer der Welt. Die nächste Revolution aber hat er verschlafen: Das Internet hielt er anfangs für eine Mode, die sich schnell erledigen würde. Machen Sie diesen Fehler (den Bill natürlich

längst korrigiert hat) nicht! Computer und Internet sind Synonyme geworden. Wer einen PC ohne Anschluss ans weltweite Datennetz hat, versäumt das Beste. Beim Thema Telefon haben wir zwar behauptet, dass man auch ohne E-Mail und Internet-Suchmaschinen glücklich werden kann. Wenn Sie jedoch das Arbeiten am Computer gewohnt sind, sollten Sie nicht auf die täglich sich erweiternden Möglichkeiten des weltweiten Datennetzes verzichten.

Wenn Sie noch einen alten, teuren und langsamen Modem-Anschluss haben – leisten Sie sich einen neuen schnellen. Wenn das Internet »immer da« ist, werden Sie sich angewöhnen, über das Netz Fakten zu erfragen, Nachrichten zu erfahren oder Dienstleistungen zu nutzen und die gelassene Selbstverständlichkeit entwickeln, die beispielsweise die US-Amerikaner schon immer hatten. Bei ihnen ist das Telefonieren im Ortsnetz seit je her kostenlos, und deshalb war auch die Internetbenutzung niemals eine Frage der Verbindungskosten. Es ist einfach da, wie das Wasser aus der Leitung.

Keine Angst vorm Großen Bruder! Etliche Menschen haben Sorge, dass sie über den ständigen Anschluss an die Außenwelt bespitzelt werden, dass ihr Computer überwacht, beeinflusst oder gar (etwa durch Viren) zerstört wird. Das ist in der Tat eine reale Gefahr, und Sie sollten Gegenmaßnahmen ergreifen. Ein Fachmann, der Ihnen einen neuen Internet-Anschluss installiert, wird Sie heutzutage niemals ohne Anti-Viren-Programm und Firewall (wichtig bei jeder Art von Netzwerk) lassen. Wir haben mehrere probiert und sind mit dem AntiVirenKit von GData am zufriedensten.

Internet statt eigenes Archiv Machen Sie die Probe aufs Exempel: Nehmen Sie einen Artikel aus Ihrem papiernen Archiv – gleichgültig, ob das ein gut organisiertes System ist oder ein paar Stapel Zeitungssausschnitte. Dann suchen Sie diesen Artikel im Internet. Die zurzeit wohl leistungsfähigste Suchmaschine ist www.google.de. Dort werden Sie, wenn Sie nach den richtigen Stichwörtern gesucht haben, häufig mit vergleichbaren Inhalten bedient. In der großen Zeitschriftendatenbank www.genios.de finden Sie mit hoher Wahrscheinlichkeit exakt den Artikel, den Sie aufgehoben haben – und unzählige andere zum gleichen Thema. Den gefundenen Artikel dann im Volltext zu lesen, ist bei Genios zwar kostenpflichtig, aber die Gebühren sind gering – verglichen mit der aufwändigen Pflege eines eigenen Archivs.

Schlaue Seiten im Internet

Empfehlungen von Webseiten in einem gedruckten Buch sind gefährlich, denn nichts veraltet so schnell wie heiße Online-Tipps. Wir wagen es trotzdem, weil auch nicht mehr brandaktuelle Hinweise häufig auf eine interessante neue Spur führen.

Lexikon Sie haben eine Frage? Einfach ein paar Stichwörter eingeben, und Sie erhalten Lexikonartikel zu praktisch jedem Thema. Der Standard-Startpunkt für jede Frage ist www.google.de, die größte und beliebteste Suchmaschine im Internet. www.wissen.de ist als Sponsor von »Wer wird Millionär?« bekannt geworden. Sehr gut für englische Recherchen ist www.answers.com. Täglich besser wird die gigantische Internet-Enzyklopädie www.wikipedia.de. Sie wird von den Benutzern selbst geschrieben, geprüft und erweitert, sodass im Lauf der Zeit die dort gespeicherten Informationen immer verlässlicher werden.

Expertensysteme Bei dieser reizvollen Art von Internet-Recherche erhalten Sie die Antwort

auf Ihre Frage nicht sofort, sondern per E-Mail von einem leibhaftigen Experten aus Fleisch und Blut. Dazu müssen Sie sich registrieren lassen, bekommen aber auch zu den ausgefallensten Fragen Auskünfte. Am leistungsfähigsten erscheint derzeit www.wer-weiss-was.de. Eines der bekanntesten deutschsprachigen Expertensysteme ist www.expertenseite.de.

Fremdsprachen Am Anfang etwas knifflig, aber nach der Installation die grandioseste Übersetzungsmaschine stellt www.babylon.com dar: hin- und herübersetzen in allen Weltsprachen,

mit Erklärungen und vielen Extras, traumhaft leistungsfähig. Wenn Sie nur mal ein einzelnes Wort nachsehen möchten, bekommen Sie bei www.pons.de schnell und zuverlässig Auskunft.

Navigationssystem gratis Wenn Ihr Auto kein Navigationssystem hat (was sich eigentlich auch nur bei Menschen lohnt, die häufig zu unbekannten Adressen fahren müssen), bietet www.map24.de eine kostenlose Alternative.

Dort gibt es das Feld »Adresssuche«, mit dem Sie einen Stadtplan für praktisch jede Adresse in Europa gezeigt bekommen, in dem Sie zoomen können. Drucken Sie sich den Plan aus. Meist reichen aber auch schon das Anschauen oder ein paar handschriftliche Notizen (an der Post links, nach 400 Metern rechts). Im innerstädtischen Bereich scheint manchmal www.falk.de noch etwas präziser zu sein.

Vorsicht ist allerdings beim Kopieren solcher Online-Pläne geboten: Wenn Sie ein Bild von Falk, Map24 oder anderen Anbietern auf Ihre Website stellen oder in einem Prospekt abdrucken, kann es teuer werden (um die 400 Euro). Wollen Sie beispielsweise Ihren Kunden den Weg zu Ihrem Geschäftssitz anschaulich machen, setzen Sie einen Verweis auf die Online-Karte auf Ihre Website. Das ist gratis, denn damit machen Sie Benutzer auf die Seiten von Map24 beziehungsweise anderen Anbietern aufmerksam.

Verträge Diese Website ist ein besonderer Fund: Musterverträge für den Autoverkauf, die Woh-

nungsvermietung, die Kündigung der Arbeitsstelle, ja sogar für die eheliche Gütertrennung bietet das Internetportal www.formblitz.de gratis. Es handelt sich um vorformulierte Entwürfe, die Sie nach eigenen Bedürfnissen modifizieren können.

Lexikon-Lexikon Typisch Internet: Hier gibt es auch ein Online-Lexikon, in dem alle Online-Lexika verzeichnet sind. www.lexikon.ch verbindet Sie mit jedem erdenklichen Online-Nachschlagewerk.

Alte Bücher Ähnlich funktioniert www.findmybook.de für alle Anbieter von antiquarischen Büchern. Findmybook sucht in allen Internet-Antiquariaten und findet die unglaublichsten Schinken. Probieren Sie es einmal mit Ihrem Lieblingsbuch, das Sie als Kind gelesen haben und das es angeblich nicht mehr zu kaufen gibt!

Wie hieß dieses Lied? Sie haben einen Song im Radio gehört und möchten gern wissen, von wem es ist? Dann merken Sie sich irgendeine

Zeile des Textes und sehen Sie auf dieser Website nach: www.songtext.net. Bei Popmusik ist die Chance groß, es hier zu finden.

Google de Luxe

Google ist das Synonym für Internet-Suche geworden. Seit das Unternehmen an der Börse ist, überschüttet es seine Benutzer mit neuen Funktionen. Wir haben sie ausprobiert und die folgenden als simplify-tauglich empfunden:

Fahrplan sofort Geben Sie auf der Google-Seite oder – noch bequemer – in der Google-Toolbar (kostenlos bei www.google.de herunterzuladen) zwei Orte ein. Dann landen Sie bei der Bahnauskunft und erhalten die nächstmöglichen Verbindungen angezeigt. Wenn Sie das mit einer Uhrzeit ergänzen (erkennbar am Doppelpunkt, zum Beispiel »Bonn Ulm 11:20«), zeigt die Bahn die nächsten drei Züge ab dieser Uhrzeit.

Linksuche Haben Sie eine Website und möchten wissen, wie viele andere Seiten im gesamten Internet auf Sie verweisen? Dann schreiben Sie »link:« ins Google-Fenster und dahinter den vollen Namen der Website. Beim Selbstversuch mit »link:www.simplify.de« stellt sich zum Beispiel heraus, dass auch das ZDF auf uns verweist.

Suche innerhalb einer Website Wenn Sie nicht das gesamte Internet, sondern nur eine einzelne Website durchsuchen wollen, schreiben Sie hinter Ihren Suchbegriff das Wort »site:« gefolgt vom Namen der Website (das www ist dabei nicht nötig). Die Suche »›Bill Gates‹ site:microsoft.com« zeigt, dass der Chef 50 000-mal auf den Seiten seines Unternehmens zitiert wird. Herr Ackermann von der Deutschen Bank kommt auf der eigenen Website nur 430-mal vor.

Taschenrechner Wenn Sie eine Rechenaufgabe ins Google-Fenster tippen (in Taschenrechner-Schreibweise: 5 geteilt durch 3 mal 1,2 heißt »5/3 *1,2«), erhalten Sie umgehend das

Resultat. Klingt wie ein überflüssiger Gag, aber meist ist die Google-Website leichter erreichbar als der nächste Taschenrechner! Auch Komplizierteres wie die 5. Wurzel aus Pi ist kein Problem: »5th root of pi«. Oder »200 miles in km«. Sogar »20 Fahrenheit in Celsius« funktioniert. Die Hilfe-Seite mit den erforderlichen Mathe-Abkürzungen finden Sie als Link namens »Mehr Informationen« unter dem Rechenergebnis.

Frechheit siegt Google ist von und für die junge Generation erstellt, die wild drauflos probiert. Deshalb der Basis-Trick: Benutzen Sie das Suchfenster spielerisch, und bleiben Sie optimistisch davon überzeugt, dass Sie die Lösung – notfalls mit ein wenig Herumprobieren – *immer* finden werden.

Tippen Sie eine Frage probehalber direkt ein: »Wie lang ist die Chinesische Mauer?« Häufig erscheint die Antwort schon in den zwei ausgewählten Zeilen der Website, die Google auf der Ergebnisseite zeigt. In unserem Beispiel steht die Antwort auf Platz 7: 6 350 km. Testen

Sie das einmal mit den ulkigen Fragen aus der SAT.1-Sendung »Genial daneben«. Sie werden staunen, wie schlau das Internet geworden ist!

Ihre private Suchmaschine Die leistungsfähige Suchsoftware, die Google auf seinen Riesenrechnern benutzt, können Sie kostenlos auch auf Ihrem PC vor Ort (englisch: Desktop-PC) installieren. Klicken Sie auf der Google-Startseite auf das Wort »Desktop«, dann erhalten Sie alle Details zu diesem sehr komfortablen Service. Kreuzen Sie bei der einfachen Installation keines der drei Kästchen an.

Am Ende prangt ein neues Symbol namens »Google Desktop Search« auf dem Bildschirm Ihres PCs. Wenn Sie darauf doppelklicken, öffnet sich ein Fenster, das fast so aussieht wie Googles Website: ein Kästchen, in das Sie Ihre gesuchten Begriffe eingeben. Dann werden alle Dateien Ihres PCs durchsucht, die von Word, Outlook, Internet Explorer, Excel oder PowerPoint erzeugt wurden. Nun sind Dateisuchprogramme nichts Neues, aber Google macht den Unterschied durch seine atemberaubende Suchgeschwindigkeit und seine Trefferquote, die viel höher als bei den Suchroutinen von Outlook, Word oder Windows ist. Das Geheimnis des Tempos von Google Desktop Search: Es erstellt eine Indexdatei, und zwar elegant und unmerklich im Hintergrund, wenn Ihr PC unbeschäftigt ist.

Passwort-Tricks

Wechseln Sie Ihre Computerpasswörter regelmäßig. Verwenden Sie keine zu leichten Wörter (wie die Namen Ihrer Kinder oder das meistbenutzte Passwort der Welt: PASSWORT), aber auch keine zu schwierigen, die Sie sich selbst nicht merken können. Ein guter Trick ist, ein leichtes Wort zu nehmen, aber an einer bestimmten Stelle stets eine Ziffer einzufügen. Beispiel: als 3. Buchstaben eine 3 (Pe3ter, Su3sanne). Wenn Sie nicht darüber reden, errät das keiner.

So behalten Sie den Passwort-Überblick Beim Internet kommen schnell viele Passwörter zusammen, weil fast jede Website ihre eigenen verlangt. Eine gefährliche Idee ist es, überall das gleiche Passwort zu benutzen. Besser: Wenn Sie sich bei einer neuen Site anmelden, geben Sie als Benutzernamen einen Begriff ein, in dem der Name der Site mit vorkommt (bei der Bahnkartenbestellseite also etwa »Tiki-Bahntickets«). Dann dazu ein Passwort, am besten wie oben mit Nummer (*ti3ki*). Wenn Ihr Internet-Browser fragt, ob Sie das Passwort speichern möchten, klicken Sie auf »ja«. Kommen Sie später auf die Seite, bietet Ihnen Ihr Browser eine Liste mit all Ihren gespeicherten Benutzernamen an. Den für diese Seite richtigen finden Sie mithilfe dieses Kniffs schnell, und das passende Passwort fügt der Explorer dann automatisch ein.

Bilder sammeln

Das Internet ist längst zum größten Bildarchiv der Welt geworden. Es gibt praktisch kein Thema, zu dem sich nicht Illustrationen finden ließen – die meisten

jedoch nur in geringer Auflösung. Die reicht zwar für Präsentationen, für den Druck ist sie aber nur geeignet, wenn Sie die Bilder extrem verkleinern. Hier ein paar Anregungen, wie Sie an hoch auflösende Bilder kommen und die Datenmengen in den Griff bekommen.

Die Eichhörnchen-Methode Suchmaschinen wie das viel gerühmte www.google.de bieten eine Bildersuche (unter der bunten Titelschrift »Google« das zweite Klickfeld neben »Web«). Beachten Sie hier die Klickfelder rechts oben (groß, mittel, klein): Hier können

Sie auswählen, dass Ihnen nur große, hoch auflösende, für den Druck geeignete Bilder angeboten werden.

Noch besser aber ist es, Sie sorgen vor: Wenn Sie beim Surfen im Netz ein Bild sehen, das Ihnen gefällt und das Sie noch einmal brauchen könnten, sollten Sie sich folgende Reflexhandlung angewöhnen: Mit der rechten Maustaste aufs Bild klicken, den Menüpunkt »Bild speichern unter ...« wählen und die Bilddatei in einem Verzeichnis Ihrer Wahl ablegen.

Am besten eröffnen Sie in Ihrem PC einen Ordner namens »Bilder«. Wird der zu voll, legen Sie dort Unterverzeichnisse an. Sammeln Sie wie ein Eichhörnchen auf Vorrat.

Beim Wiederfinden haben Sie es besser als die kleinen Nager: Mit der Einstellung »Miniaturansicht« im Windows Explorer (in der Symbolleiste ganz rechts) werden Ihnen alle Bilder wie in einem Briefmarkenalbum als so genannte »thumbnails« präsentiert. Mit einem Doppelklick sehen Sie das Bild dann groß. Extra-Tipp: Mit der rechten Maustaste anklicken, »Bearbeiten« wählen – und schon öffnet sich das Bildbearbeitungsprogramm Paint mitsamt dem Bild.

Bildbetrachtungs-Software Haben Sie sehr viele oder umfangreiche Bilddateien, wird die Arbeit mit der mitgelieferten Standardsoftware mühsam, und Sie benötigen ein

Spezialprogramm. Unser Favorit ist ACDSee, das Bilddateien in Rekordzeit öffnet (www.acdsee.com, um die 50 Euro). Auf Platz 2 der Empfehlungsliste steht zweifelsfrei IrfanView des Bosniers Irfan Skiljan. Es ist fast so leistungsfähig wie ACDSee und für den privaten Gebrauch kostenlos (www.irfanview.com). Gratis, schnell und sehr komfortabel ist auch Picasa von Google (Download unter picasa.google.com), das besonders geeignet ist, um selbstgeknipste digitale Bilder zu verwalten, vorzuführen, auf CD-ROM zu brennen oder ins Internet zu stellen.

Bildschirm »abfotografieren« Eine einfache Methode, um Szenen aus Ihrem Computeralltag für die Nachwelt festzuhalten, ist die Tastenkombination Strg+Druck (eine selten benutzte Taste in der obersten Reihe rechts). Damit speichert Ihr PC ein genaues Abbild Ihres Bildschirms in der Zwischenablage. Sie können es in einem Bildprogramm wie zum Beispiel Paint bearbeiten (vorher einfügen mit Strg-V) oder gleich in Ihre Textdatei einbauen.

Filmbilder »knipsen« Wenn Sie in Ihrem PC ein DVD-Laufwerk haben, können Sie Einzelbilder in großartiger Qualität aus Kinofilmen stibitzen. Jede Player-Software hat dafür einen »Schnappschuss«-Knopf, meist mit einem kleinen Foto-Symbol versehen. In einem speziellen Verzeichnis legt das Pro-

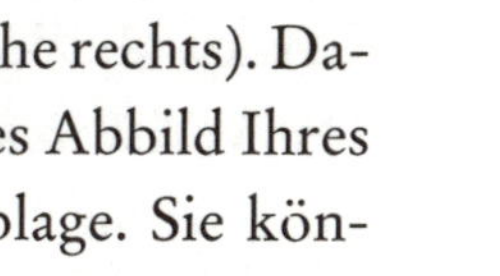

gramm dann automatisch durchnummerierte Dateien im jpg-Format ab.

E-Mails

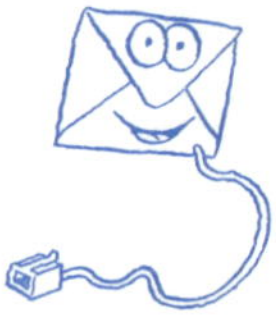

Eine typische Technik-Geschichte: Bisher kamen Sie mit Ihrer Mitarbeiterin Frau F. ganz gut aus. Natürlich hatten Sie gegenseitig immer ein wenig aneinander auszusetzen, aber seit einigen Monaten werden die kleinen Sticheleien unerträglich. Das Verhältnis ist angespannt, und Sie bekommen schon Bauchweh, wenn Sie nur an sie denken. Was ist passiert?

Der Grund dafür kann höchst banal sein: Sie leiden beide an einer E-Mail-Depression, ein in vielen beruflichen Beziehungen zu beobachtendes Phänomen. Vermutlich haben Sie Frau F. lange nicht mehr gesprochen oder gesehen. Weil Sie beide viel beschäftigt sind, hat sich Ihre Kommunikation immer mehr über den PC abgespielt, und das rächt sich nun.

Menschliche Kommunikation ist sehr vielschichtig. Sie besteht aus Körpersprache, Augenkontakt, Stimme – und einem vergleichsweise kleinen Anteil echter Informationsübermittlung. Bei einem Telefongespräch werden über die Sprachmelodie und die Möglichkeit des gegenseitigen Reagierens noch viele Emotionen übertragen. Selbst ein Brief oder ein Fax transportiert durch den Briefbogen oder die Unterschrift noch einen kleinen Rest Persönlichkeit. Bei E-Mail oder SMS fällt selbst das weg. Und viele Menschen haben sich, obwohl es ihnen selten bewusst auffällt, an diese Kargheit noch nicht gewöhnt.

Per E-Mail allein lässt sich kein echtes Vertrauensverhältnis aufbauen und in Gang halten. Der extrem knappe Schreibstil, der sich beim hastigen Eintippen der Antworten eingebürgert hat, lässt viel Raum für Spekulationen: Warum war der andere so kurz angebunden? Warum ist er auf meine Argumente nicht eingegangen?

Vermeiden Sie die elektronische Monokultur

E-Mails ermuntern dazu, auf bequeme Weise sofort eine Antwort zu tippen. Erliegen Sie diesem Automatismus nicht vollständig, sondern antworten Sie

immer wieder einmal spontan per Telefon. Erleichtern Sie das auch Ihrem Mail-Partner, indem Sie unter Ihre elektronischen Botschaften standardmäßig Ihre Telefonnummer setzen (Das lässt sich mit dem Absender-Werkzeug automatisieren). Fordern Sie Ihren Korrespondenzpartner auch einmal direkt dazu auf, Sie anzurufen. Teilen Sie die Uhrzeiten mit, zu denen Sie erreichbar sind.

Sehen Sie den Telefonkontakt nicht nur als Erinnerung und Ermahnung (»Haben Sie schon meine Mail gelesen?«), sondern vor allem als Möglichkeit zur emotionalen Ermunterung und Motivation. Denn das sind die Stärken des Gesprächs! Drohen und drängen können Sie auch mit einer E-Mail.

Optimieren Sie Ihre E-Mails Wenn Sie regelmäßig Telefonate und Auge-in-Auge-Gespräche einbauen, können Sie Ihre E-Mails so knapp halten wie bisher. Haben Sie mehrere Anliegen, nummerieren Sie sie am besten durch, damit der andere nichts übersieht. Schreiben Sie am Schluss möglichst konkret, was Sie von Ihrem Gegenüber erwarten (Stel-

lungnahme, Zusage, Termin, Korrektur, Zusendung von Unterlagen und so weiter).

Wenn Sie sehr verschiedene Anliegen haben (von denen Ihr Mail-Partner möglicherweise einige an andere Leute weiterleiten muss), dann teilen Sie sie unbedingt in mehrere Mails auf. Formulieren Sie in der Betreffzeile deutlich, worum es geht. Statt »Meeting« lieber »Meeting am 11.11.: Konstruktionszeichnung mitbringen!«.

Auf die Mischung kommt es an Nutzen Sie Messen, Tagungen, Firmenfeste und Empfänge, um persönliche Kontakte wieder aufzufrischen. Dabei kommt es nicht auf die Länge an. Ein paar freundliche Worte und ein paar Gesten genügen, um das Vertrauenskonto zwischen Geschäftspartnern wieder aufzufrischen. Folgender Minimal-Mix genügt, um eine geschäftliche Beziehung dauerhaft stabil zu halten: einmal pro Jahr eine persönliche Begegnung, alle drei Monate ein Telefonat und dazwischen Briefe, Faxe oder E-Mails.

Die simplify-Methode für elektrischen Strom

Alles, was wir hier vorgestellt haben, hat irgendwie mit elektrischem Strom zu tun. Wie gefährlich ist der eigentlich? So manch einer, der sich durch Selberbasteln das Leben »vereinfachen« wollte, ist dabei schon umgekommen. Lesen Sie deshalb unbedingt dieses Kapitel.

Sicherheitsratschläge für den Umgang mit Strom

In den meisten Fällen ist bei einem Stromschlag ein unangenehmes Bizzeln in den Fingern zu spüren, manchmal auch ein heftiges Zucken im Arm mit nachfolgendem Herzklopfen und Zittern. Die Ursache dafür ist die Adrenalinausschüttung, mit der Ihr Körper auf einen Stromschlag reagiert.

Tödliche Situationen sind selten Die wirklich ungünstigen und möglicherweise tödlichen Fälle treten dann ein, wenn zum elektrischen Strom Wasser in irgendeiner Form kommt. Denn Wasser erhöht die Leitfähigkeit der Haut, und wenn Sie darüber hinaus gegenüber dem Fußboden nicht isoliert sind, kann der Strom durch Ihren gesamten Körper fließen und Ihr Herz zum Stillstand bringen. Beispiele sind: das berüchtigte Föhnen in der Badewanne, Arbeiten mit normalen Zimmerkabeln oder Elektrogeräten im nassen Gras oder im Regen, oder wenn Sie im feuchten Keller die Waschmaschine anfassen, die wegen eines defekten Heizstabs komplett unter Strom steht. Beim letzten Fall müssen allerdings mehrere ungünstige Faktoren zusammenkommen. Ein bisschen Angst und Ehrfurcht vor elektrischem Strom ist jedenfalls ratsam!

Alter Elektriker-Trick Wenn Sie nicht ganz sicher sind, ob ein metallener Gegenstand unter Strom steht: Berühren Sie ihn mit der Außenseite Ihrer Finger. Falls er unter Spannung steht,

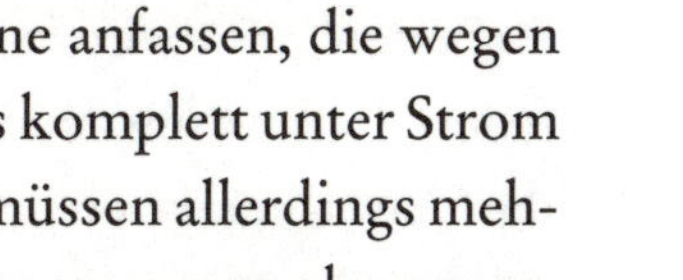

ziehen sich durch den Stromschlag die Arm- und Handmuskeln zusammen und reißen Ihre Hand automatisch von der Gefahrenquelle weg. Prüfen Sie dagegen mit der Handinnenseite, verkrampfen sich die Muskeln möglicherweise so, dass Sie an dem Gerät festzukleben scheinen. Diese rustikale Prüfmethode ist allerdings nur für Notsituationen gedacht. Beim Heimwerkern ist ein Phasenprüfer die sichere Alternative.

simplify-Instrument Phasenprüfer Einen so genannten Phasenprüfer sollten Sie sich für Arbeiten an elektrischen Einrichtungen auf jeden Fall anschaffen, und wenn es nur für das Installieren einer Deckenlampe ist. Das Gerät gibt es in jedem Baumarkt oder Fachgeschäft. Es sieht aus wie ein Schraubenzieher, hat aber eine dünne Spitze wie ein Kugelschreiber und im Griff eine kleine Lampe. Mit dem Phasenprüfer können Sie gefahrlos testen, ob auf einer Leitung Strom ist, der für Sie gefährlich werden könnte.

Probieren Sie das Instrument an einer Steckdose aus: Stecken Sie die Metallspitze abwechselnd in die beiden Löcher der Steckdose und berühren Sie

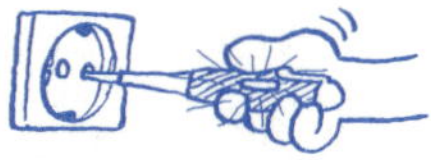

dabei das metallene Ende des Phasenprüfers (nicht aber die Spitze). Bei einem der beiden Löcher müsste das Lämpchen glühen, beim anderen nicht. Halten Sie zum Schluss den Phasenprüfer an einen der seitlichen Klammerkontakte, den so genannten Schutzleiter. Hier darf das Lämpchen keinesfalls leuchten, auch nicht schwach. Wenn doch, rufen Sie sofort einen Elektriker, denn dann ist die Steckdose in gefährlicher Weise fehlerhaft installiert. Testen Sie, ob der

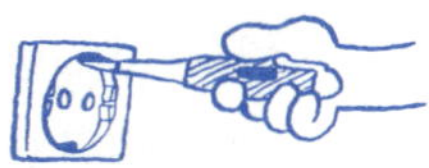

Fehler bei anderen Steckdosen auch besteht, und ziehen Sie vorsichtshalber alle Geräte mit Schukosteckern (das sind die dicken Stecker mit den seitlichen Zusatzkontakten) aus den Dosen.

Kleine simplify-Elektrokunde

Elektrischer Strom braucht immer zwei Drähte, das werden Sie noch aus dem Physikunterricht wissen. In dem einen fließt der Strom hin, im anderen zurück. Zwischen den beiden Drähten besteht Spannung. Wenn Sie den einen Draht mit der einen Hand berühren und den anderen mit der anderen Hand, fließt der Strom durch Sie hindurch. Ab 10 Volt ist das zu spüren, ab 60 Volt wird es gefährlich. Unser Stromnetz hat 230 Volt, da wird es also schon kritisch.

Die Sache mit der Erdung Nun wird es kaum vorkommen, dass man zwei Strom führende blanke Kabel so sträflich leichtsinnig in die Hände nimmt. Sie können bei unserem Stromnetz aber auch einen Schlag bekommen, wenn Sie nur einen Draht berühren. Das hängt damit zusammen, dass eine der beiden Leitungen immer mit dem Erdboden verbunden ist, die so genannte Erdung. Diese mit der Erde verbundene Leitung nennt man Nullleiter, weil sie gegenüber der Erde die Spannung Null hat. Anfassen wäre also gefahrlos (vorausgesetzt, der Nullleiter ist richtig angeschlossen, was längst nicht immer der Fall ist). Die andere Leitung heißt Phase – jetzt wissen Sie auch, woher der Phasenprüfer seinen Namen hat:

Wenn das Lämpchen leuchtet, haben Sie die Phase erwischt, denn das Leuchten entsteht, weil Sie als geerdeter Mensch auf der anderen Seite den Nullleiter darstellen.

Sicherung ausschalten! Bei allen Arbeiten an Ihrer Hauselektrik, vom Installieren einer Wand- oder Deckenlampe bis zum Austauschen einer Steckdose müssen Sie immer und grundsätzlich die Sicherung herausdrehen beziehungsweise ausschalten. Dann wird die Phase unterbrochen und die Arbeiten sind ungefährlich. Ganz Vorsichtige prüfen trotzdem mit dem Phasenprüfer, ob nicht die falsche Sicherung herausgedreht wurde und noch irgendwo ein Strom fließt.

Achten Sie auf Farben! Einen Stecker können Sie auf zwei Arten in eine Steckdose stecken. Es ist dem Gerät egal, auf welcher seiner Leitungen die Phase und auf welcher der Nullleiter liegt. Denn wir arbeiten mit Wechselstrom, da gibt es kein Plus und Minus (wie beim Gleichstrom aus Batterien), sondern das wechselt 50-mal pro Sekunde. In der Steckdose, in Schaltern und in der gesamten Hausinstallation ist es aber keineswegs egal, wo Phase und Nullleiter sind. Das ist einer der häufigsten Fehler bei selbst gebastelten Elektroinstallationen.

In modernen Installationen ist der Nullleiter hellblau, die Phase schwarz oder braun. Bei älteren Häusern ist die Phase auch schwarz, der Nullleiter aber grau. Merken Sie sich: Schwarz

wie die Piratenflagge, da ist Saft drauf! Falls Sie selbst eine Steckdose erneuern oder andere Arbeiten am Stromnetz durchführen (die eigentlich ein Elektriker tun sollte), merken Sie sich genau, welches Kabel wo angeschlossen war.

Kabel Nummer drei: der Schutzleiter Sie werden feststellen, dass es stets noch eine dritte Leitung gibt, den so genannten Schutzleiter. Dieses Kabel ist immer gelbgrün, nur bei sehr alten Installationen ist es rot. Der Schutzleiter ist für Steckdosen vorgeschrieben, weil jedes Gerät mit einem Metallgehäuse einen Stecker mit Schutzkontakt (kurz: Schuko) haben muss. Über den Schutzleiter wird das Gehäuse direkt mit der Erde verbunden – irgendwo im Keller des Hauses führt ein dicker Kupferdraht aus allen Schutzleitern direkt in den Erdboden. Im Sicherungskasten gibt es einen Fehlerstromschutzschalter (kurz: FI-Sicherung), der ausgelöst wird, wenn in irgendeinem Gerät oder einer Lampe der Nullleiter Kontakt mit dem Gehäuse bekommt. So wird sichergestellt, dass Sie auch bei einem defekten Gerät niemals einen Schlag bekommen, wenn Sie es anfassen.

Lampen und andere Elektrogeräte aus Metall haben in der Nähe des Stromanschlusses meist eine Schraube direkt am Gehäuse, bezeichnet mit dem

Erdungszeichen. Schließen Sie dort den gelbgrünen Schutzleiter an. Die Lampe leuchtet zwar auch, wenn Sie ihn weglassen. Aber derartig falsches Vereinfachen ist gefährlich. Es ist Vorschrift, dass jedes Gerät mit Metallgehäuse einen Schutzleiteranschluss haben muss.

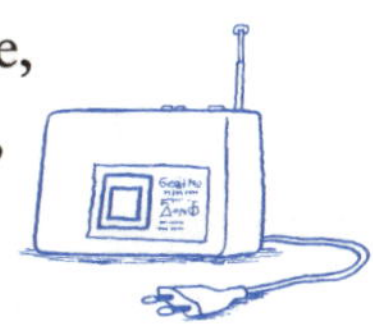

Gefährliche Aktionen Nur Apparate, die vollständig aus Kunststoff sind, dürfen mit zweipoligen Flachsteckern ausgerüstet sein. Dieser Stecker heißt auch Euro-Stecker, weil er so trickreich geformt ist, dass er in die meisten der ziemlich unterschiedlichen europäischen Steckdosensysteme passt. Irgendwo auf dem Gerät befindet sich ein doppeltes Quadrat, das offizielle Prüfsiegel, dass es ein rundherum schutzisoliertes Gehäuse besitzt. Darauf sollten Sie achten, falls Sie einmal ein defektes Netzkabel ersetzen. Fraglich wird es auch, wenn Sie ein Gerät mit Metallgehäuse im Ausland mit irgendwelchen fantasievollen Adaptern aus dem Flughafenshop betreiben. Manchmal wird der Schutzleiter dabei nicht übertragen. Verboten sind auch Adapter, mit denen Sie aus einem dreipoligen Schuko-Stecker einen zweipoligen Euro-Stecker machen können.

Die »klassische Nullung« In Häusern, die vor 1956 gebaut wurden, wurden oft nur zwei Leitungen verlegt. Als die Schuko-Steckdose zwingend eingeführt wurde (erfunden wurde sie schon 1926), hat der Elektriker dann den Nullleiter in jeder Steckdose mit dem Schutzkontakt verbunden. Dieser Behelf ist ziemlich gefährlich, denn beim Einschalten von nur einem kaputten Gerät kann es passieren, dass die Gehäuse aller anderen Apparate im Haus unter Strom stehen. Bei solchen veralteten Installationen hilft nur die große Intensivkur: überall neue Kabel ziehen.

Die Sicherung fliegt raus – auf zwei Arten

Kommt es zu einem Kurzschluss (eine Glühbirne brennt auf unglückliche Weise durch) oder zu Überlastung (Backofen, Spülmaschine, Herd, Heizlüfter und Waschmaschine laufen gleichzeitig), löst die normale Sicherung aus. Von denen gibt es im Sicherungskasten viele – für jeden Stromkreis eine.

Gibt es einen Defekt in einem Gerät mit Metallgehäuse (der Toaster spinnt, ein Heizkessel brennt durch, ein Kabel im Inneren einer Stehlampe ist durchgewetzt), löst der FI-Schalter aus. Er ist größer als die normalen Sicherungen und trägt irgendwo die Buchstaben FI. Davon gibt es im Sicherungskasten meist nur einen oder zwei, deswegen macht ein FI-Defekt meist eine komplette Wohnung stromlos. Wenn der FI-Schaltergriff nach unten zeigt, sollten Sie das verdächtige Gerät komplett vom Stromnetz trennen und erst dann den FI-Schalter wieder betätigen. Typische Kandidaten neben den oben beschriebenen Beispielen sind Waschmaschinen oder Trockner in feuchten Kellerräumen (da kann es durch die Nässe zu so genannten Kriechströmen kommen).

Gibt es kein verdächtiges Gerät, probieren Sie, den FI-Schalter wieder nach oben zu drücken. Bleibt er oben, war es vielleicht nur eine vorübergehende Störung. Löst er gleich wieder, schalten Sie mit den normalen Sicherungen einzelne Stromkreise aus und kreisen Sie so die Fehlerquelle ein.

Streikende Glühbirnen Wenn die Glühbirne immer wieder durchbrennt, kann das daran

liegen, dass ihre Wattzahl (je höher, desto heller leuchtet sie) für die Lampe zu hoch ist. Dann gibt es einen Wärmestau, was zu schnellem Verschleiß führt. Das kommt vor allem bei Spot-Lampen und geschlossenen Kellerleuchten vor.

Bei Halogenleuchten kann es daran liegen, dass der Trafo zu stark ist, weil nicht genügend Lampen angeschlossen sind. Wenn einzelne

Birnen schon durchgebrannt sind, verschlimmert sich das Problem. Ersetzen Sie deshalb kaputte Halogenstrahler möglichst bald!

Wenn Glühbirnen flackern, kann das ein Zeichen dafür sein, dass die Birne nicht fest genug in der Fassung sitzt oder dass ein Kabel schlecht angeschlossen ist. In alten Deckenleuchten finden sich manchmal auch tote Insekten in den Anschlussröhrchen. Ist die Lampe an einen Dimmer angeschlossen, kann es an einer Glühbirne mit zu geringer Wattzahl liegen. Die meisten Dimmer springen erst bei 60 Watt richtig an.

simplify-Methoden für verschiedenste Geräte

Im Lauf der sieben Jahre, in denen wir den monatlichen Beratungsdienst »simplify your life« herausbringen (bestellbar über www.simplify.de oder die diesem Buch beiliegende Karte), haben sich etliche kleine Tipps zur Vereinfachung der alltäglichen Technik angesammelt. Die schönsten davon finden Sie hier:

Pannenhelfer für die Waschmaschine

Wenn dieses ausgesprochen nützliche Haushaltsgerät streikt, sollten Sie nicht gleich den Kundendienst anrufen, sondern die drei Filter checken, die jede Waschmaschine hat. Der

erste befindet sich hinter einer Klappe, die unten auf der Vorderseite der Maschine angebracht ist. Wenn Sie diese Klappe mit einem flachen Schraubenzieher öffnen, müssten Sie dahinter einen Schraubverschluss vorfinden. Bevor Sie den aufdrehen, sollten Sie einen großen Lappen davorlegen, denn es schwappt auf jeden Fall Wasser heraus – und in der Regel Haare, Geldstücke, Knöpfe, Spielzeugautos und was noch alles im Lauf der Zeit verloren gegangen ist. Reinigen Sie das herausnehmbare Sieb gründlich. Verstopfungen in diesem Filter sind die häufigste Ursache dafür, dass der Kundendiensttechniker ins Haus gerufen wird.

Der zweite Filter steckt in der Wasserzufuhr, entweder am Wasserhahn oder direkt hinten an der Waschmaschine. Stellen Sie das Wasser ab, und schrauben Sie den Schlauch ab. Jetzt müsste ein kleines Sieb zum Vorschein kommen, das meist voller Ablagerungen aus der Wasserleitung ist.

Die dritthäufigste Ursache für schlechte Waschergebnisse und andere abenteuerliche Erscheinungen ist eine verstopfte Waschmittelzufuhr. Oft ist das eine Schublade an der Vorderseite der Maschine, die irgendwo einen – meist roten – Knopf hat. Wenn Sie den drücken, lässt sich die Schublade ganz ausbauen und gibt den Blick auf eine schmierige Schleimlandschaft frei. Am besten lässt sich das alles mit ein paar Handtüchern reinigen, die ohnehin gewaschen werden müssen – und dann ja auch schön voller Waschmittel sind.

Stromfresser Kühlschrank

Neue Geräte sparen Strom, sind leiser und halten die Tiefkühltemperaturen sicherer. Wenn Sie beispielsweise eine über zehn Jahre alte Kombination aus Kühl- und Gefrierschrank haben, verschwenden Sie gegenüber neuen Modellen bis zu 150 Euro Stromkosten pro Jahr. simplify-Tipp: Leisten Sie sich eine neue und wählen Sie ein Gerät der höchsten Energiespar-Klasse A, auch wenn es teurer ist als die Billigmodelle der Kategorie B und C. Achten Sie beim Tiefkühlteil auf die NoFrost-Technik: Ein kleiner Lüfter sorgt dafür, dass nach dem Öffnen die feuchte Luft abgesaugt wird und sich erst gar kein Eis bildet. Innerhalb von fünf Jahren haben sich durch den geringeren Stromverbrauch die Anschaffungskosten für ein solches Gerät schon gelohnt, von da an sparen Sie bares Geld – und während der fünf Jahre haben Sie Freude an einem komfortablen Gerät.

Der Wasserkocher

Der elektrische Wasserkocher spart gegenüber der klassischen Elektrokochplatte über 50 Prozent Energie und Zeit. Bei ihm wird nur eine kleine Metallspirale oder eine Mini-Kochplatte aufgeheizt. Ein guter Wasserkocher geht sogar noch sparsamer mit Energie um als ein Gasherd.

Nutzen Sie einen Wasserkocher nicht nur zum Zubereiten von Tee und Kaffee, sondern auch etwa beim Kochen von Nudeln. Erhitzen Sie das Wasser zuerst im Kocher, stellen Sie einen Topf mit wenig Wasser auf die Herdplatte und geben Sie das Wasser aus dem Kocher dazu, wenn es den Siedepunkt erreicht hat.

Ein simplify-Tipp für das Entkalken Ihres Kochers: Kaufen Sie eine Flasche billigsten Essig, füllen Sie den Kocher randvoll damit und erhitzen Sie den Essig auf etwa 60 Grad – aber nicht kochen! Lassen Sie den Essig etwa zwei Stunden einwirken und füllen Sie ihn dann mit einem Trichter in die Flasche zurück (Er lässt sich wieder zum Entkalken verwenden). Den Kocher spülen Sie nach der Prozedur mit Spülmittel und Bürste gründlich aus. Wenn Sie das alle zwei bis drei Monate machen, hält der Wasserkocher ewig und arbeitet mit traumhaft geringem Energieverbrauch.

Sprachgenie DVD

Seit wir einen DVD-Player angeschafft haben, hat sich unser Umgang mit Filmen revolutioniert. Denn die digitalen Videoscheiben haben mehrere Tonspuren. Neben dem deutschen Synchronton bieten die meisten amerikanischen Filme auch das englische Original. Zusätzlich lassen sich Untertitel in diesen und anderen Sprachen einblenden – alles in allem ein perfektes Programm zum Lernen fremder Sprachen. Dadurch verbessern vor allem unsere Kinder ihre Sprachkenntnisse in höchst effizienter und amüsanter Form. Und auch wir Eltern staunen, mit welchem Spaß

wir bekannte Streifen nun in der Originalversion sehen beziehungsweise hören. Ganz richtig steht die Abbkürzung DVD dann für »Digital Versatile Disc« – digitale, vielseitig einsetzbare Scheibe.

Beim Entwickeln des DVD-Systems hat die Filmindustrie durchgesetzt, dass nicht jede DVD in jedem Land angesehen werden kann. Ein in Deutschland gekaufter DVD-Spieler kann nur DVDs mit dem »Area Code 2« (Europa) abspielen, nicht aber die US-DVDs mit dem »Area Code 1«. Viele DVD-Geräte lassen sich aber durch die Eingabe bestimmter Zahlencodes austricksen. Wie das geht (und welche neuen Gegentricks die Filmindustrie ausheckt), steht auf der Internetseite www.dvdboard.de. Informieren Sie sich dort vor dem Kauf eines Gerätes, wenn Sie zu Hause häufiger amerikanische Original-DVDs ansehen wollen. HiFi-Fachmärkte wollen die meist illegalen Geräte ohne Ländercode-Sperre oft nicht verkaufen, um es sich nicht mit den Filmkonzernen zu verderben. Baumärkte oder Supermarktketten sind da weniger zimperlich und bieten manchmal billige »codefree« DVD-Player an.

MP3 – Musik zum Mitnehmen

MP3 ist ein Verfahren, mit dem Musik sehr stark komprimiert im Internet übertragen werden kann. Dort ist praktisch jedes Musikstück verfügbar. Anfangs war das fast immer illegal, inzwischen gibt es aber zunehmend preisgünstige legale Quellen. Sie können auch Ihre eigenen CDs mithilfe Ihres Computers in MP3-Dateien verwandeln. Für den mobilen Einsatz brauchen Sie einen tragbaren MP3-Player (ab etwa 100 Euro). Die kleinsten sehen aus wie ein Kuli oder passen in den Kopfhörer. Das Kultgerät ist der zigarettenschachtelgroße iPod von Apple, der in verschiedenen Ausführungen zwischen 100 und 400 Euro zu haben ist. Er enthält eine kleine, aber geräumige Festplatte mit bis zu 60 Gigabyte Speicherplatz, sodass Sie theoretisch Ihre gesamte CD-Sammlung mit sich herumtragen können.

Wenn Sie es sich leisten können, kaufen Sie einen MP3-Player mit größtmöglicher Festplatte. Viele Besitzer der 6- oder 10-GB-iPods klagen, dass ihr Gerät schon voll ist. Mit einem geräumigen iPod erreicht der Umgang mit Musik und Hörbüchern eine neue simplify-

Dimension. Auf einer Party etwa schließen Sie Ihren iPod an die Stereoanlage an, und das winzige Ding spielt den ganzen Abend non-stop, was Sie vorher in einer »Lieblingsliste« zusammengestellt haben.

Es gibt sogar Adapter fürs Auto, mit denen Sie Ihren iPod über die Lenkradtasten und die Bordelektronik komfortabel bedienen können. Die Klangqualität von MP3 (und anderen Kompressionsverfahren, die ständig dazukommen) ist theoretisch schlechter als bei CDs. In der Praxis ist das aber kaum zu hören, und für den Kopfhörereinsatz unterwegs reicht es allemal. MP3 ist ein simplify-Tipp in sich, denn das Gefummel mit Kassetten oder CDs hat damit unterwegs ein Ende.

Nur Mut!

Wir hoffen, Sie haben mithilfe dieses Büchleins wieder richtigen Spaß an technischen Geräten bekommen. Spaß, der daraus entsteht, dass Sie Technik einsetzen können, wie, wann und wo Sie wollen – aber nicht müssen. Wenn sich das erste Erfolgserlebnis einstellt, weil Sie Ihrer Telefonanlage neue Komfortgeheimnisse entlocken konnten, Sie Ihr erstes elektronisches Fotoalbum angelegt haben oder der Fahrkartenautomat im Handumdrehen die richtige Fahrkarte ausspuckt, dann geht es von dort ganz von selbst weiter.

Das Gute an Ihnen: Ein besessener Technik-Freak werden Sie nicht werden. Was ohne Technik schneller und besser geht, werden Sie weiterhin auf die »altmodische« Art tun. Und die ist im Zuge des globalen simplify-Trends manchmal die durchaus modernere! So gese-